Tatiana Goritschewa

Die Rettung der Verlorenen

Bekenntnisse

R. Brockhaus Verlag Wuppertal

R. Brockhaus Taschenbuch Bd. 333

Deutsch von Jana Karel

7. Auflage 1989
55.–60. Tausend

Umschlaggestaltung: Carsten Buschke, Solingen
Umschlagfoto: Dr. K. Biedermann – ZEFA
Gesamtherstellung: Breklumer Druckerei Manfred Siegel KG
ISBN 3-417-20333-3

MEINEM GEISTLICHEN VATER

Inhalt

I. Über die religiöse Erfahrung

Was ich über die religiöse Erfahrung im heutigen Rußland sagen kann? Das ist ein weites Feld. Hier könnte man über vieles sprechen: Etwa über die religiöse Erfahrung des Gulag. Durch diese Erfahrung wird der Mensch an seine Grenze geführt und auf das Kreuz gehoben. Das Kreuz des Gulag bringt uns dem Kreuz von Golgatha näher.

Ich könnte über die Atmosphäre in unserer Welt, die von Nihilismus und Atheismus bestimmt ist, erzählen, in der wir ja aufgewachsen sind. Ich könnte erzählen, daß selbst diese Atmosphäre der Religionslosigkeit, die uns in die lichtlose Verzweiflung geworfen hat, uns auf paradoxe Weise Hilfe auf dem Weg zu Christus geworden ist.

Ich könnte von den Erfahrungen unserer ersten religiösen Kreise und Seminare erzählen, von der Geburt eines neuen russischen theologischen Denkens und über vieles andere.

Aber am liebsten spreche ich über die existentielle Umkehr, die sich in den Seelen der jungen Gläubigen in Rußland gegenwärtig vollzieht. Ich will beschreiben, was in den letzten Jahren mit mir und meinen Freunden geschehen ist.

Die Ordnung in meiner leidvollen Heimat kann ich nicht loben, und doch muß ich sagen, daß diese Bedingungen, in denen wir in Rußland leben, uns auch helfen, die Wahrheit zu entdecken. Wir leben in einer Welt, wo das Böse ausgeufert, wo es grenzenlos total geworden ist. Wir leben in einer Welt, wo alles Helle und alles Gute im Volk hinterm Draht des Gulag verborgen ist, wo die allgemeine Lüge herrscht und die Angst alles Lebendige und Tiefe absterben läßt.

Wie Menschen vor 2000 Jahren sind wir vor eine Entscheidung gestellt, vor die Wahl zwischen dem absoluten Guten und absoluten Bösen. Für uns ist die Frage des Glaubens aufs neue die Frage von Leben und Tod geworden, weil in unserer totalitären Gesellschaft Kompromisse unmöglich sind.

Die Blüte der russischen Nation lebt heute in der Kirche. Die Menschen gehen nicht in die Kirche, um sich vor Verantwortlichkeiten zu drücken oder sich zu vergessen oder um persönliche Geborgenheit zu finden. Die in die Kirche gehen, haben alles. Sie wären fähig, in diesem Leben sozusagen ohne Gott zu leben. Sie sind talentvoll, klug und vital. Viele von ihnen öffnen sich auch im reifen Alter dem Evangelium. Viele lassen sich im reifen Alter taufen.

Wir haben keinen Bazillus der religiösen Erziehung in der Kindheit erhalten. Der erste Besuch im Gotteshaus wird für uns oft zum Wunder, an das man sich das ganze Leben erinnert. Welche Kraft liegt in den Seligpreisungen! Jedesmal, wenn wir sie in der Liturgie hören, hören wir sie so, als ob sie zum ersten Mal im Leben für uns erklängen; als ob sie gerade für uns und für jetzt geschrieben wären. »Selig, die arm im Geiste sind . . .« Schon lange haben wir verstanden, wie nichtig der Mensch ist, der sich an das Menschliche haftet und die relativen Werte schätzt. Wie unmöglich es ist, in dieser Welt selbstzufrieden zu sein, wo doch alle stolzen Projekte des Menschen, ein Gottesreich auf Erden aus eigenen Kräften zu bauen, zerschlagen sind.

»Selig seid ihr, die ihr um meinetwillen beschimpft und verfolgt und auf alle mögliche Weise verleumdet werdet . . .« Selig ist die Kirche, die durch so viele Märtyrer überall bekannt geworden ist. Selig ist der Glaube, für den man ins Gefängnis und in die psychiatrische Klinik geworfen wird!

Ich möchte von Wundern erzählen, die ich erlebt habe. Aus Steinen kann Gott Kinder Abrahams schaffen. Er hat auch uns zu seinen Kindern gemacht, obwohl wir vor Angst und Geistlosigkeit wie versteinert waren. Und daß es Gott gibt, das wissen wir ohne jeden Zweifel. Viele von uns sind ganz unerwartet Christen geworden und haben ganz besondere Offenbarungen vom Himmel erhalten. Sie haben Zustände erlebt, die denen des Apostel Paulus sehr ähnlich waren, als er nach Damaskus unterwegs war. Wir suchten keinen Gott, Gott suchte uns, und Er fand uns. Das ist die größte Wahrheit unserer Umkehr. Das ist der beste Beweis für Gottes Sein.

Im Christentum haben wir vor allem seinen mystisch-geistigen Sinn entdeckt. Dieser Sinn ist unser Fundament. Das total Böse können wir nur durch das Gebet überwinden. Das Gebet als ständiger Dialog mit Gott ist für uns jetzt notwendiger als die Luft. Es ist unsere Rettung. Die Kirchenväter sind wieder unsere Lehrer geworden. Die Philokalia-Sammlung von Schriften großer Mönche ist jetzt unsere Lektüre bei Tisch. Durch unsere Schicksale haben wir erfahren, was Gottes Gnade ist. Die Erfahrung unserer Umkehr ist der Beweis dafür, daß die Geschichte nicht von den Kräften des Menschen, sondern vom Heiligen Geist bewegt wird, und daß die Kirche Gottes stärker ist als alle menschlichen Anstalten und daß die Höllenpforten sie nicht überwinden werden.

Ich möchte noch über eine existentiell-religiöse Erfahrung sprechen, darüber, wie wir die Angst überwunden haben.

Das heutige Rußland ist ein totalitärer Staat. Es ist dort unmöglich, unfrei in einem Aspekt und zugleich frei in einem anderen zu sein. Einmal Nein zu sagen genügt, um für das ganze weitere Leben zum Outsider, zum Dissidenten zu werden. Zuerst wirst du von der Arbeit entlassen, verlierst deine Familie, und endlich bekommst du Haft oder psychiatrische Klinik.

Aber diese Gesellschaft ist auch so beschaffen, daß es möglich ist, einmal nur Ja zu sagen, um sich dann mehr und mehr in schrecklichen Kompromissen zu verlieren und schließlich geistig zu Tode zu kommen.

Hier in Rußland soll man vor allem oder vor nichts Angst haben. Die Angst ist unser Hauptfeind. Sie ist jenes Fundament, auf dem die diabolische Maschine der Unterdrükkung und der Vernichtung des Menschen gebaut ist. In der totalitären Gesellschaft zieht sich die Angst durch unsere ganze Existenz von oben bis unten. Es ist schon lange keine Angst vor äußeren Schwierigkeiten mehr; es ist eine tief-innere Angst. Der Mensch hat Angst, auch wenn es für diese Angst keine Ursachen gibt. Für sie gibt es tausend Argumente. Der eine hat Angst, die Arbeit zu verlieren, der andere hat Angst, die Kinder zu verlieren oder sie nicht ernähren zu können, der dritte ist schwach an Gesundheit usw. Unsere geistige Umkehr haben wir durch die absolute Verneinung der Angst gewonnen sowie durch die absolute Bereitschaft, jede beliebige Wendung des Schicksals anzunehmen.

Wir sind wie die Wahnsinnigen, die Verrückten geworden gemäß dem Paulus-Wort: ». . . was töricht ist vor der Welt, das hat Gott erwählt.« Diese Auszeichnung als Toren und Idioten hat uns immer gerettet, sie hat uns sogar vor der Macht des KGB – Staatssicherheitsdienst – bewahrt.

Leningrad war immer eine Stadt von Konspiratoren. Diese Stadt hat unter Stalin viel gelitten. In dieser Stadt, wo alles ganz still war, wo alle eine unermeßliche Angst gehabt haben, begannen wir vor fünf Jahren, die erste kulturreligiöse Zeitschrift »37« herauszugeben. Das Prinzip unserer Arbeit war völliges Offensein. Wir haben nichts verborgen, wir haben aus unserer Arbeit kein Geheimnis gemacht. Wir lebten und arbeiteten so, als gäbe es keine Sowjetmacht, keine Sowjetbehörden und keinen KGB. Wir haben unsere eigene Sache gemacht trotz kränklicher Reaktion angstvoller Leningrader Intelligenz. Unser Schutzengel hat uns nicht verlassen. Selbst der KGB bekam einen Schock – danach hat auch er sich an uns gewöhnt. Dieses schreckliche Tier (vgl. Offb. 13) wurde gezähmt. Die KGB-Leute taten, als bemerkten sie unsere Zeitschrift und unser Seminar nicht, obwohl sie uns ständig beobachteten.

Unsere Nicht-Reaktion auf den KGB war unser einziger Schutz, den wir auch im Gebet fanden. Der beste Schutz gegen die Dämonen ist der, sie einfach nicht zu beachten. Selig der Mann, der sich nicht auf Diskussionen mit den Gottlosen einläßt (vgl. Psalm 1). Die Gottesfurcht hat uns Demut gelehrt. Wir verstehen unter Demut nicht Sklaverei, wie ich es hier in Westeuropa oft höre. Unter Demut verstehen wir die angstlose und vertrauensvolle Annahme des Schicksals; die Bereitschaft, jedes beliebige Opfer für Kirche und Gott zu bringen. Zu dieser Demut sind vor allem jene fähig geworden, die vor den Menschen nicht demütig sind; nämlich jene, die keine Knechte der Menschen sein wollten, wurden Diener Gottes, und die Kämpfer für die Freiheit wurden zu äußerst sanftmütigen Jüngern Christi.

Bei uns ist ein neuer Persönlichkeitstyp entstanden. Und das ist das Wichtigste, das wir jetzt in Rußland haben: ein neuer Typus des Menschen. Diese Persönlichkeit ist unendlich frei und zugleich unendlich bereit, im Kampf jedes Opfer zu bringen und sein Leben hinzugeben für seine Freunde. Das sind helle und angstlose und schöpferische Menschen. Sie sind keine Nihilisten, obwohl unsere Gesellschaft destruktiv und nihilistisch wirkt. Nur auf eine Weise kann man dieser Gesellschaft widerstehen: auf die Weise des positiven Weges und des positiven Beispiels. Diese Menschen laufen nicht dem Leben davon, sie kämpfen tapfer gegen die dunklen Kräfte des Bösen, ihre Herzen sind voll von Liebe.

Diese Persönlichkeiten sind unsere Hoffnung. Der einfache sowjetische Mensch, der vom Leben ganz niedergedrückt wird, trägt in seiner Seele die Hoffnung, weil in der Sowjetunion noch Sacharow lebt, der ein Mensch geblieben ist, auch wenn er nicht weiß, welche politischen, moralischen und religiösen Ansichten Sacharow hat. Er weiß einfach, daß dieser Mensch existiert, das ist das Wichtigste.

Jeder Christ im heutigen Rußland versteht, wie verantwortungsvoll sein Leben ist. Die Evangeliumsworte klingen aufs neue für uns, und diese Worte sind: »Ihr seid das Licht der Welt, ihr seid das Salz der Erde.«

II. Die Bekehrung

Seit alles hinter mir liegt, sehe ich manchmal im Traum unsere Gemeinschaftswohnung: den langen schmalen Korridor mit dem irgendwo am Ende hängenden trüben Lämpchen, die abgegriffenen, mit Schüsseln und Teller behängten Wände, unsere kleine Küche, wo sich alle vierzig Wohnungsinsassen zusammendrängten und schrien und im Qualm fast erstickten.

Diese Welt kam mir nicht eng oder unbehaglich vor; ich kannte ja nichts anderes, und unsere kindliche Phantasie verwandelte die dunklen Dachböden und Keller, in denen wir spielten, in märchenhafte Burgen und Schlösser, wo jeder Fleck an der Wand die Aura schreckenerregender Abenteuergeschichten ausströmte.

Wir wohnten in der Dzerschinskij-Straße; früher hieß sie Gorochowo und war wegen der hier angesiedelten Romanhelden berühmt: Oblomow, Rogoschin und irgend jemand anderem noch – ich erinnere mich nicht mehr genau, wem – empfanden sie als typisch Petersburgisch. Aber das war Zarenzeit.

Ich bin in einer atheistischen sowjetischen Familie geboren. Mein Vater war Topograf; er war viel auswärts, denn er hatte Expeditionen zu begleiten. So beschäftigte sich in erster Linie meine Mutter mit mir. Sie tat dies mit Strenge und hat mich häufig hart bestraft, so daß sie mir schon in jungen Jahren fremd geworden ist. Ich habe sie fast gehaßt.

Schon früh machten sich die Grundzüge meines Charakters bemerkbar. Es waren Eigensinn und Schüchternheit, und vermutlich hat meine Mutter diese unangenehmen Eigenschaften aus mir herausprügeln wollen. Doch je mehr sie mich schlug, desto fester biß ich die Zähne zusammen, desto tiefer zog ich mich in mich selbst zurück, und so wuchs die Kluft, die mich von der Welt trennte, mit jedem Tag. Ich fing an, mit jeder Faser meines Herzens alles zu hassen, was mich umgab, und erschuf mir eine phantastische, geisterhaft-unwirkliche Welt, mit deren Hilfe ich mich dem Leben entzog.

Alle meine Kindeswünsche drehten sich nur noch um das eine: Weglaufen, heimlich, damit keiner es merkt! Über das Wohin machte ich mir keine Gedanken. Nur weg!

Dann brachte die Schule die erste große Erleichterung. Aufgrund einer plötzlich erwachten Freude am Wissen, hauptsächlich aber aus dem Wunsch nach Anerkennung, habe ich sehr gut gelernt.

Mit Vergnügen und einem schier unersättlichen Verlangen nach mehr nahm ich Lob und Zeichen der Beachtung entgegen; man wählte mich zum Klassensprecher, zum Vorsitzenden von Arbeitsgruppen, zum Schulsprecher; ich war stolz auf diese Rollen und fühlte mich bestätigt. Aber die große Schüchternheit blieb.

So verlief mein Leben in einer ungeheuerlichen und für mich unverständlichen Spannung: zu Hause Schläge, für deren Anlaß und Heftigkeit ich häufig keinen Grund wußte, und in der Schule Lob und wachsende Anerkennung.

Dieser »Indeterminismus« des Lebens wurde dann der Mutterboden für eine tiefe, fast mystische Furcht, die sich in der Seele ansiedelte und die ich dann in Kafkas Romanen, die ich etwas später mit Begeisterung las, genauso beschrieben fand.

Nach der Schule besuchte ich die Technische Hochschule, wo ich mich – ich weiß nicht warum – für das Studium der Funktechnik entschloß; denn Physik gehörte keineswegs zu meinen Lieblingsfächern, während ich in Literatur – was in erster Linie russische Literatur bedeutete – immer eifrig mitgearbeitet hatte. Nun bot die Hochschule Kurse an, die ich zu schätzen wußte: Man bildete hier auch technische Übersetzer aus und unterrichtete im Rahmen dieser Ausbildung in deutscher Sprache. Damals liebte ich die deutsche Sprache mehr als alle anderen auf der Welt.

Es war nicht meine Sprache, nicht die, in der meine Mutter fluchte und stritt, sondern eine fremde, weit entfernte und geheimnisvolle bis hinein in die Schrift. In meiner Liebe zur deutschen Sprache lag das »Pathos der Distanz«, jugendliche Romantik spielte eine Rolle und auch die sehr frühe Verachtung des Körpers – die russische Sprache, die Muttersprache, war ja »der Körper«, mein Körper, nah und ekelhaft.

Später, als ich Christin war, habe ich mich zum ersten Mal ganz schlicht der Realität gestellt, und zwar ohne die Augen zuzukneifen und ohne daß ich mir die Nase zuhielt; das Christentum hatte mich in die Welt zurückgebracht; es öffnete mich für die Welt, indem es meine falsch verstandene Geistigkeit besiegte.

Aber damals, mit achtzehn, lebte ich wie alle, die ich kannte mit Instinkt und Herdensinn und einer tiefen Sehnsucht nach Höherem.

So bin ich auch wie alle anderen dem Komsomol beigetreten und schrieb auf meinen Antrag das, was auch die andern aufschrieben: »Ich möchte in den vordersten Reihen der sowjetischen Jugend sein.«

An der Technischen Hochschule wählten sie mich zur Komsomolgruppenleiterin, und damals wurde mir plötzlich klar, daß ich für diese Welt verantwortlich bin, und daß es die Mühe wert ist, für eine bessere, gerechtere Welt zu kämpfen – mit einem Wort: mein politisches Bewußtsein war erwacht, wie unsere sowjetischen Erzieher das ausdrückten.

Ich wurde also aktive Komsomolin, wovon es schon zu den Zeiten Chrustschows nur noch wenige gab.

Als Komsomolgruppenleiterin flößte ich allen Angst ein. Ich verlangte von meinen Komsomolzen ausgezeichnete schulische Leistungen, kollektive Aktivität, ich kämpfte gegen das Rauchen und legte ein Heft an, in das ich aufschrieb, wer von den Komsomolzen das Abzeichen trägt und wer nicht.

Sie luden mich fortan in die »höheren« Sphären ein, so daß ich die Bezirks- und die Stadtführung des Komsomol kennenlernte und bald feststellte, daß es sich zum größten Teil um langweilige Funktionäre handelte, um Leute mit verbrauchten Worten und Gesten, mit irdischen Wünschen, und alle diese Wünsche gipfelten in dem einen: ins Ausland reisen zu dürfen, um dort Sachen für das Prestige anzuschaffen.

Aber mein Feuereifer für den Komsomol kühlte nicht aufgrund dieser Begegnungen ab, sondern aufgrund der unerwarteten Entdeckung einer Philosophie für mich, denn wenn es schon keine geistige Welt gab, so öffneten sich mir jetzt die Pforten der Seele, und ich betrat mit staunendem Herzen diese neue Welt. Wir erlebten so etwas wie eine liberale Periode. Man fing an, die Werke von Sartre und Camus zu veröffentlichen; in den Zeitschriften konnte man kritische Artikel mit großen Zitaten aus der existentialistischen Literatur lesen. Die neuen Termini, die ich dort fand, tönten wie Zaubersprüche: »Das Sein zum Tode«, die »Einsamkeit vor dem Nichts«, »Das Man«. Mit Gänsehaut und dem Durst eines Wüstenwanderers verschlang ich Bücher und Zeitschriftenartikel. Ich wurde Existentialistin und entdeckte, daß es bedeutend tiefere Stufen des Seins gibt als die Gesetze des sozialen Lebens.

Ich erinnere mich sehr gut an den Augenblick, als ich mich zum ersten Mal als Philosophin fühlte. Ich war gerade neunzehn.

Plötzlich ging mir auf, wie auswegslos, sinnlos und

schutzlos unser Denken ist; jäh begriff ich, daß es keine Grundlage, keine Stütze hat, daß nichts bleibt als der Sturz in den Abgrund. Damals traf ich die erste existentielle Entscheidung meines Lebens: Ich wählte die Hoffnungslosigkeit – so sehr verlangte mich nach irgendeinem selbstlosen, wenn auch nutzlosen Dienste für die Wahrheit. »Die Wahrheit lieben . . .« Es mag sein, daß schon damals der Herr mir half, indem er mir Tapferkeit gab.

Das war aber nicht nur eine gute Entscheidung, sondern auch eine böse; denn mein Mut resultierte aus Nihilismus und einer kaum zu überbietenden Selbstgefälligkeit. Nicht selten beflügelte mich dann dieses Gefühl: Ich brauche dieses Leben nicht; mag es sich doch zum Teufel scheren; ohne auch nur einen Anflug von Bedauern hätte ich auf jede weitere Sekunde meines Lebens verzichtet. So setzte sich mein »Heroismus« aus verborgenem Hochmut und einem triebhaften Verlangen nach Zerstörung zusammen.

Der Sturz in den Abgrund hatte begonnen, bewußt, ungeordnet und häßlich. Das eigentliche Drama brach in der Welt der Ideen aus; denn ich versuchte allen Ernstes, jedes philosophische Konzept, das irgendwie – vorwiegend aus Büchern – in meinem Kopf hängenblieb, existentiell auf seine Brauchbarkeit hin auszuprobieren, und war bereit, für jede aktuelle Wahrheit auf dem Scheiterhaufen zu brennen.

Ich erinnere mich, daß ich eine Zeitlang konsequente Solipsistin war und allen Ernstes glaubte, die ganze Welt sei durch mich hervorgebracht, sie existiere allein im Bewußtseinsinhalt meines eigenen Ichs, und sobald ich mich abwendete, verginge sie wieder. Nichts hat mich mehr erstaunt und bewegt – ich fühlte mich als Schöpfer der Welt; nichts Wunderbareres und Unglaubwürdigeres hätte meine blühende Phantasie hervorzubringen vermocht.

Doch meinem Wesen am nächsten war der stoische Existentialismus Albert Camus'. Ein Satz von ihm wollte mir nicht aus dem Kopf gehen: »Der Mensch – das ist ein ewiges Drama, das ist das waghalsigste Abenteuer.« Ich war das Abenteuer! Und bis in die Tiefen meiner Seele bewegte mich der Gedanke Sartres, daß ich jede Sekunde des Lebens mein Dasein, mich selbst, aus dem Nichtsein erschaffe.

Dann wieder war es der Kult der Freiheit, der mich bei den Existentialisten faszinierte. Wir haben sie alle nachgeahmt: Nietzsche, Camus, Heidegger, Sartre – in unseren Augen Giganten der Idee und des Geistes, unerreichbar in allem: in der Tiefe des Durchlebens des Absurden und der Verzweiflung und in der Bereitschaft, dieses Absurdum mutig anzunehmen.

Erst jetzt, nachdem ich die Möglichkeit hatte, das westliche Leben mit dem Leben im heutigen Rußland zu vergleichen, verstehe ich, daß unser russischer, genauer gesagt: sowjetischer Nihilismus hoffnungsloser, endgültiger war.

Wir hatten nichts: keine Kultur, keine Religion, keine gute Erziehung; im Laufe eines halben Jahrhunderts seit ihrem Bestehen hat diese unmenschlichste und nihilistischste aller Obrigkeiten alle Traditionswerte der Kultur und Ethik ausgelöscht, alle Götter vernichtet, alle Zufluchtsorte zerstört.

Wir sind in der Wüste geboren.

Ein Mitteleuropäer hat immer noch irgend etwas vor Augen – entweder die Tradition, oder die Freiheit zu einem individuellen Lebensstil, er kann über die Angst zur Freiheit finden wie Kierkegaard, in seine Philosophie fliehen wie Nietzsche oder in die Politik, in die Sartre floh.

Uns hat der Herr absolute Armut und Schutzlosigkeit auferlegt; wir hatten keine Bücher, keine Lehrer, keine Erzieher, und schließlich gab es keine Voraussetzungen für ein »Privates«, für ruhiges Sein und Schaffen. Wir schrieben Gedichte in den Straßenbahnen und sprachen im Hausflur über Spinoza.

Ich sage »wir«, weil in dieser Zeit, Ende der sechziger, Anfang der siebziger Jahre der Existentialismus unter der breitesten Schicht der Intellektuellen in Mode kam. Er muß durch ein Schlupfloch im Umbruch der Ideologie hereingeweht sein, als offiziell (sie lesen richtig: offiziell!) nach dem Tod Stalins, des letzten aller »Götter«, offen über seine »Fehler« gesprochen wurde.

Damals gingen einem auch urplötzlich die Augen auf über die Grundlosigkeit und Unbegründetheit der Ideologien, und man sah, wie ohnmächtig unsere mächtigen Götter doch waren.

Nach außen hin verlief mein Leben eintönig. In jenen sechs bis sieben Jahren gehörte der tagtägliche Besuch der Bibliothek dazu, begeistertes Lesen der philosophischen Literatur in deutscher und englischer Sprache, endlose metaphysische Gespräche im Rauchzimmer mit genau solchen »Sonderlingen«, wie ich einer war. Dort, in der Bibliothek, lernte ich auch meinen zukünftigen Mann kennen.

Ein ganzes Jahr lang saßen wir uns in dem Saal gegenüber, wir sprachen kein Wort miteinander, bis er schließlich an mich herantrat. Kurz darauf heirateten wir. Da ich mir aber auch im Blick auf die Ehe eine recht wunderliche Theorie ausgedacht hatte, hielt ich es nur kurze Zeit aus, obwohl ich ihn sehr liebte. Es zeigte sich schließlich, daß unsere Beziehung nicht tief genug war. So ließen wir uns scheiden. Es tat weh. Doch viel wichtiger erschien mir die Verwirklichung unserer Ideen, das eigentliche Dasein, das eigene Seinkönnen, die Erfahrung von Existenz, und so bemühte ich mich in äußerster Ehrlichkeit, alle anderen Stufen meines Lebens zur »Inkarnation« der Ideen zu machen.

Tagsüber waren es Bibliothek, Universität, intellektuelle Gespräche; abends wurde der Existentialismus in die Tat umgesetzt: Provokation, Skandal, Kampfansage allen »erlogenen« Ordnungen des Daseins, der Moral, der Sitte; alles Naturhafte ekelte uns an, die Natur selbst wurde in den Bann getan; die eigene »Geworfenheit« ins Dasein, in die Sinnlosigkeit; dieses Dasein machte aus uns konsequente Verwirklicher dieser Philosophie.

Ort des Geschehens war das Cafe »Saigon« an der Ecke Newskij und Litejnij in einem günstig gelegenen Stadtviertel, wo sich alles versammelte, was aus der normalen Ordnung der Leningrader Gesellschaft herausgefallen war: die künstlerische Bohème, Hippies, Yogis, Süchtige, Diebe und Spekulanten. Dort fand ich meine ersten Gleichgesinnten und Freunde. Mich, die ich gewöhnt war, ein »weißer Rabe« unter den stets besorgten und sich fürchtenden Zeitgenossen zu sein, bestürzten und bezauberten die »Saigonesen«, diese leichtsinnigen und verzweifelten Typen, denen Bequemlichkeit und Karriere und Sicherheit nichts mehr galten. Sie schafften es schon, eine Zeitlang die Irrenhäuser auszuhalten, und waren für mich Menschen aus einer anderen Welt.

Ganz bald wußte ich, daß auch sie mich liebten, und so hockten wir zusammen und dachten uns jeden Abend immer wieder neue Arten des »surrealistischen« Zeitvertreibs aus. Wir tranken zusammen, begeisterten uns und andere mit Straßentheater, wir verkleideten uns, schockten das Publikum durch lautes Singen sowjetischer patriotischer Lieder und waren unerschöpflich in allen möglichen Erfindungen und Unanständigkeiten.

In unserer sowjetischen Gesellschaft sind die Bedingungen für das Provozieren der Umwelt ideal – nichts ist leichter, als die allgemeine Aufmerksamkeit auf sich zu ziehen, denn die Leute dulden keine Abweichung von der Norm, weder in der Kleidung, noch im Denken, noch im Benehmen. So brachte nicht nur einmal eine zornige Menschenmenge mich und meine Freunde zur Miliz, und die arme Miliz, die mit uns nichts anzufangen wußte, ließ uns dennoch bald wieder gehen. Während eines Schiffsausflugs forderten allerdings einmal wütende Passagiere, daß man uns ausschiffte. Das war in der Nähe von Tscheljabinskij, und fast wäre diese Sache vors Gericht gekommen.

Ich machte alles mit, ging im Badeanzug halbnackt über den Newskij Prospekt und erklärte der Miliz, wenn sie an mich herantrat, man hätte mir meine Kleider beim Baden gestohlen. Ich machte aus mir ein leichtes Frauenzimmer, schürte die Entrüstung der Leute, indem ich mich in irgendeinem gemeinsamen Speisesaal meinem Gesprächspartner gegenüber für Homosexualität und lesbische Liebe aussprach und das Gespräch mit Freudschen Termini über intime Einzelheiten spickte. Um die Reaktion brauchte ich mich nicht zu sorgen, sie erfolgte umgehend: Die Sowjetbürgerinnen mußten sich übergeben, und ihre Begleiter rannten zur Miliz.

In diese »Saigoner« Welt mit ihrem Chaos und Wahnsinn versuchte ich System zu bringen, indem ich in verschiedenen privaten Wohnungen, Dachböden und in Grünanlagen Texte der Existenzphilosophie vorlas. Vieles habe ich aus dem Deutschen übersetzt.

Ich erinnere mich, wie uns alle die Philosophie von Heidegger begeisterte, wie ich mit vor Aufregung fast versagender Stimme las: »Das Nichts ist immer da, es schläft nur. Sein Atem zittert durch die Hülle des Da-Seins.«

Aber die Spiele und die Lust zum Provozieren verloren immer mehr an Leichtigkeit, an Unbekümmertheit; dann blieb der Spaß aus. Es kam eine unvermutet tiefe Niedergeschlagenheit über mich, so daß ich morgens nicht aufstehen mochte. Depressionen begannen mich so zu quälen, daß ich sterben wollte.

Ich träumte von echter Freundschaft, aber ich fand sie nicht. Man verliebte sich in mich, und ich habe den jeweiligen Unglücklichen tyrannisiert, indem ich ihn erst zum

Sklaven machte, um ihn dann unerwartet von mir zu stoßen. Mein Herz war vollkommen verschlossen. Ich begann die Menschen zu verachten; sie erregten mir Widerwillen, sogar Wut; ich hielt mich für klüger als die anderen, kühner, gebildeter usw.

Mit meinen Eltern verband mich nichts mehr. Wir wohnten zu dritt in einem Zimmer und schwiegen uns nur noch an. Schon mit sechzehn war ich nicht mehr das geprügelte Kind. Ich habe damals meine Mutter offen zum Kampf herausgefordert; die eingeschüchterte Kleine hatte sich inzwischen in eine Hexe verwandelt. Zuerst ging ich von zu Hause weg und lebte bei Freunden, kam dann aber zurück und habe bis zuletzt zu Hause weiter geschwiegen – Herr, vergib mir mein steinernes Herz!

Nach dem Staatsexamen hatte ich ein Praktikum abzuleisten. Mein wissenschaftlicher Berater gab mir gleich in den ersten Tagen den Tip, schnellstens in die Partei einzutreten; ohne die Partei könne man keine philosophische Karriere machen. Als ich ihm klarzumachen suchte, daß dies überhaupt nicht in Frage komme, spiegelte sich auf seinem Gesicht Erschrecken, dann Befremden, und so oft ich ihm danach auf der Straße begegnete, beeilte er sich, auf die andere Seite zu kommen.

Bekannte verschafften mir die Möglichkeit, an der medizinischen Fakultät Ethik und Ästhetik zu lehren – selbstverständlich marxistische, eine andere gibt es bei uns nicht. Ich wußte, daß ich das nicht lange unterrichten würde, weil ich es nicht schaffte, meine Studenten zu täuschen.

Laut Programm mußte ich über den Klassenkampf und die Kriterien der Partei in der Kunstbetrachtung, über das »Erhabene« bei N.G. Tschernyschewskij (1828–1889, von Feuerbach beeinflußter radikaler Materialist) und über die fortschrittliche Theorie des sozialistischen Realismus Vorlesungen halten.

Aber es sollte mir wohl kein einziges Mal im Leben gelingen, Marxistin zu sein – so auch hier nicht. Ich bin übrigens in Leningrad auch keinem einzigen anderen überzeugten Marxisten begegnet. Noch nicht einmal die Philosophische Fakultät hatte einen aufzuweisen; es gab Karrieremacher, Denunzianten, aber hauptsächlich Menschen, die keinen moralischen Bewertungen zugänglich waren, die stets das sagten, was man gerade hören wollte, was »nötig« und »vorgeschrieben« war; Menschen, die in ihrem Leben noch keine wesentliche Entscheidung getroffen hatten – was ja auch nicht nötig war, da ohnehin alles Wesentliche von der Partei entschieden wurde. So wurde auch ich nie nach meiner Meinung gefragt. Daß ich trotzdem in allen marxistischen Disziplinen mit schöner Stetigkeit die höchsten Bewertungen bekam, mag daran gelegen haben, daß ich, um das Gewissen zu beruhigen, bei allen Prüfungen meinen Antworten einen bestimmten Satz vorausstellte; er lautete: »Der Marxismus lehrt . . .«

Nein, keiner hat mich je gefragt, was ich meinte, weil es sich irgendwie nicht gehörte, eine eigene Meinung zu haben.

Die Ablehnung des Marxismus war bei uns allgemein, und nicht nur deshalb, weil wir an der Fakultät im Grunde die Offenbarungen des späten Engels, ja, den philosophisch uninteressanten, weil talentlosen Lenin lehrten. Aber noch mehr als Lenins *Materialismus und Empiriokritizismus*, dieser pseudophilosophische Unsinn, brachte uns die Praxis vom Marxismus ab, die offizielle Doktrin und die Polizeiideologie. Marx hatte bei uns nicht viel Glück.

Und so, das Unterrichten in Angriff nehmend, überschüttete ich bald meine Studenten mit allen verbotenen Theorien. Da sie Medizinstudenten waren, las ich aus Freud, Jung, Fromm vor. Dann kamen Sartre, Kierkegaard, Heidegger dran. Die Studenten konnten es nicht fassen.

Anfangs hielten sie mich für verrückt, dann begannen sie, auf das Gelesene zu achten und hörten zu. Sie schätzten meine Aufrichtigkeit, erzählten aber nicht weniger aufrichtig von meinen Lektionen allen anderen Lehrkräften, und sehr bald hörten diese auf, mich zu grüßen.

Die Studenten wurden mutiger und fingen an zu fragen, was ich von Solschenizyn hielt, der gerade zu jener Zeit durch Pressekampagnen verfolgt wurde. Hier konnte ich mich nicht verstellen; ich bekannte mich zu diesem Menschen, sagte, daß ich ihn bewunderte, und konnte mich in dieser Fakultät gerade noch zwei Monate halten, so lange nämlich der Dekan im Urlaub war.

Sie verjagten mich mit der sokratischen Beschuldigung, sie könnten nicht zulassen, daß ich »unsere Jugend« verderbe. Die Direktorin bat mich zu kündigen – aus Angst, der Skandal könnte weitere Kreise ziehen.

Ich habe ohne besonderes Bedauern aufgegeben, obwohl mir das Unterrichten Freude gemacht hatte. Ich wollte frei sein, suchte je länger je mehr die totale Freiheit. Fast alle meine Freunde mit Universitätsbildung hatten inzwischen mit dem »sozialistischen Geist« endgültig gebrochen. Das hatte zur Folge, daß man ihnen einfachste und schlechtest bezahlte Arbeit als Heizer, Fahrstuhlführer, Wärter zuwies. Und dieser Weg zeichnete sich auch vor mir ab. Aber es war mir noch schrecklich zu denken, mit meiner Zugehörigkeit zu den »akademischen« Kreisen sei es nun endgültig vorbei. Damals war mir unbekannt, was da im Untergrund alles lief, welche kulturellen Leistungen eben jene Heizer, Fahrstuhlführer und Wärter erbrachten. Es sollte da einige Gruppen und einzelne Menschen geben, aber wenige wußten von ihnen.

Und wieder einmal fanden Bekannte für mich eine »passende« Arbeit, und zwar als Bibliograph in der Akademie der Wissenschaften. Acht Stunden täglich mußten irgendwelche Kärtchen ausgefüllt werden. Es war so langweilig, daß ich, als man mir den Vorschlag machte, in das Russische Museum überzuwechseln, und zwar in eine neu gegründete Abteilung für Soziologie, sofort einverstanden war.

In dieser Zeit war Soziologie gerade Mode geworden, und man war eifrig bemüht, überall Abteilungen für Soziologie einzurichten. Selbstverständlich war es nicht möglich, seriöse Untersuchungen durchzuführen, dafür fehlten die geistigen und technischen Voraussetzungen. Das hatte zur Folge, daß eigentlich keiner seine Arbeit besonders ernstnahm, und so wurde unsere Abteilung ein Zufluchtsort für alle »Nichtstuer«. Sie kamen selten zur Arbeit, wohl aber regelmäßig, um den Lohn zu holen.

Von dieser Tätigkeit befreite mich der KGB; ich sollte für den Rest meines Lebens als Fahrstuhlführer bei der Feuerwehr arbeiten. Inzwischen hatte sich jedoch etwas ereignet, was den »Rest meines Lebens« ganz anders bestimmte: Mit vierundzwanzig entdeckte ich die Welt des reinen Geistes. Das kam so: Einer meiner »Saigoner« Freunde, irgendein W., beschäftigte sich mit Yoga. Er verehrte mich, und wie alle anderen Verehrer versuchte ich auch ihn zu versklaven, indem ich auch auf ihn all das magische Arsenal der existentialen Terminologie anwandte.

Das wollte mir aber nicht recht gelingen. Sehr direkt, mit unverhohlenem Hochmut erklärte er mir, ich beschäftigte mich mit lauter Unsinn; Kultur, Philosophie, Kunst seien ganz einfach uninteressant, langweilig, Ausgeburten irgendwelchen Wahnsinns, seien Leere, ein Schleier der Maja, ein Nichts. Er war mir über – das war alles, was ich zunächst begriff. Für mich war zu diesem Zeitpunkt die Religion eine Flucht vor der Realität, feiger Abgang in die Welt der Phantasie, den »mütterlichen Leib der Mythen . . .«

Ich habe damals bloß mit dem Kopf gelebt und hatte doch als Existentialistin geglaubt, das Reich der Seele gefunden zu haben. Aber ich wußte nichts, weder über das Leben des Herzens, noch über das Leben des Körpers. Meine Haltlosigkeit entsprang ja einer bewußten Verachtung des Körpers; ich mußte mir meine Befreiung von ihm beständig neu beweisen, als lebten Körper und Verstand auf zwei verschiedenen Ebenen.

Doch in den Worten meines Freundes spürte ich etwas wie Kraft; so versuchte ich's auch und begann mit Yoga-Übungen. Nun beobachtete ich besonders aufmerksam meine Atmung, ich probierte bei Konzentrationsübungen und Meditation verschiedene Stellungen aus, verordnete mir eine strenge Diät und machte bei diesen Beschäftigungen eine ganze Reihe interessanter Entdeckungen. Zuerst entdeckte ich, daß ich einen Körper habe und daß – wer weiß – dieser Körper vielleicht klüger ist als ich, etwa nach Nietzsches Wort: »Der Körper – das ist meine höhere Vernunft.« Ich hatte doch so viel Nietzsche gelesen – hatte ich diesen Satz einfach übersehen?

Zweitens fand ich, daß mein Körper und meine Seele eine Einheit sind, und daß, wenn die Seele, so auch der Körper versklavt ist – durch Gewohnheiten, Sorgen, Abhängigkeiten.

Damals wirkte es auf mich wie eine Erlösung, als ich feststellte, daß ich ja völlig unfrei war, daß es auch mit der Klugheit haperte – wie lächerlich und kläglich erschien mir damals mein Eigendünkel, wie habe ich mich geschämt! Nachdem ich mich so lange für einen Übermenschen gehalten hatte, fühlte ich mich plötzlich schwach und wußte schon gar nicht mehr, warum und wofür solch ein nichtsnutziges Wesen auf der Erde lebte.

Die Erkenntnis der eigenen Nichtigkeit war eine Quelle von Freude, weil es ja Anerkenntnis und Widerspiegelung von etwas Größerem war – ich fühlte, nunmehr fast schon eher mit dem Körper als mit dem Verstand, daß es die Ewigkeit gibt. Nein, nicht die romantische, infantile Ewigkeit der Poeten, sondern eine reale, unermeßliche, dauerhafte und tiefe Ewigkeit Gottes. Gott habe ich zu dieser Zeit nicht Gott genannt, damit es keine Anspielungen auf »Psychologismus« gab.

Mit andern Yoga-Interessierten sprachen wir nun mit wichtigen Mienen über das Leben in den astralen und mentalen Ebenen, meine Freunde konnten schon Gegenstände bewegen und, wie sie erzählten, mit Wesen anderer Welten in Verbindung treten; andere standen auf der Schwelle zur »Realisation«.

Alle zuvor angebeteten Namen und Begriffe verblaßten. Als Spielgefährten meiner Kindheit erschienen mir nun Kant und Platon. Krank und zerstört und kläglich dumm zeigte sich die weltliche Kultur in der Perspektive dieser deutlichen Bewegung zu Gott.

Es war unnötig, über das ganze andere Leben Worte zu verlieren – seine Hast, seine kleinlichen Sorgen, die Probleme der Karriere, des Geldes, der Liebe, des Glücks standen mir vor Augen wie ein vollkommenes Mißverständnis, eine Perspektivenverzerrung. Von nun an war das Ziel klar gezeichnet und der Weg auf Sekunden berechnet.

Es war nun wichtig, keine Zeit zu verlieren, um schneller aus diesem Strom des Relativen herauszukommen und sich dem Absoluten zu nähern. Die Welt war der Seele total gleichgültig geworden. Dies nannten wir den Sieg über die Leidenschaften. Tag und Nacht, laut und leise für mich sagte ich das »om, om, om«, mich auf das unsichtbare, zwischen den Augenbrauen befindliche dritte Auge konzentrierend.

Ich hörte selbstverständlich auf zu rauchen, zu trinken, Fleisch zu essen. Ich ließ auch die sexuellen Experimente sein, und all das mit nur einem Ziel, Energie aufzunehmen.

Es war ein Jahr vergangen, während dessen meine

Freunde ganz weit vorrückten. Wie sie erzählten, befanden sie sich nun auf der Schwelle des Übergangs in die andere Welt. Ich aber blieb stehen und bewegte mich in eine völlig andere Richtung.

Anstatt wie ein Yogi stolz auf meine Unähnlichkeit im Vergleich mit den anderen Menschen, auf meine deutliche und klare Bewegung »nach oben« zu sein, empfand ich immer mehr meine Nichtigkeit und Seine göttliche Unerreichbarkeit.

»Wie kannst Du mich noch auf Erden ertragen, Du, der so vollkommen bist!« rief ich oft aus, und vergaß dabei, daß Gott kein Mensch ist und keine Ohren hat.

Jetzt verstehe ich, daß der Herr mich schon damals führte, mir den einzigen und richtigen Weg zu sich, den Weg der Reue, wies. Manchmal quälte mich auch die völlige Gleichgültigkeit der Yogis gegenüber den Problemen der Nächsten, als ob kein anderer für sie existierte, als gäbe es nur das eigene »Ich«. Kränken durfte man den anderen nur deshalb nicht, weil auf diese Art wertvolle Energie verloren ging. Negatives Handeln wurde nicht moralisch bewertet, sondern aus den energetischen Positionen. Schließlich gab es ein besonderes Ereignis, das mich von Yoga löste:

Mein Freund W. arbeitete auf einer Rettungsstation. Einmal erzählte er mir, daß er während einer Meditation am Ufer des Sees sah, wie ein Betrunkener in den See hineinging und unterzugehen begann. W. beschloß, daß es nicht möglich sei, die Meditation zu unterbrechen, und der Mensch ertrank.

Diese Erzählung meines Freundes bestimmte das Ende unserer Freundschaft. Mir graute es.

Ich habe mich noch weiter allein mit Yoga beschäftigt. Und dann, eines Tages, ich glaube, ich war 26 Jahre alt, ging ich durch die Felder und las das »Vater Unser«.

Auch über christliche Gebete kann man meditieren. Für

uns war das kein Sakrileg, weil wir ja das Christentum zu irgendeiner niederen Abart von Yoga zählten.

Ich habe etwa sechs Mal das Vater Unser gelesen, ohne irgendeine Idee daran zu verlieren, Er, der »Vater im Himmel« könne tatsächlich im Himmel sein. Doch plötzlich erhielt ich die Antwort. Es passierte etwas ganz Unerwartetes, etwas ganz Unvorstellbares.

Er machte mir klar, daß es Ihn gibt.

Nicht den abstrakten, den anonymen Gott der Yogis, sondern den liebenden himmlischen Vater der Bibel.

Er liebt mich und alles um mich herum. Das habe ich ganz klar gesehen, als würde sich mir der erste Tag der Schöpfung eröffnen. Die ganze Landschaft ringsumher, früher so arm, erstrahlte in ungewöhnlicher Fröhlichkeit. Es schien, als frohlockte jedes Gras, jedes Blättchen; als sei die ganze Welt gerade eben aus seinen liebenden Händen hervorgegangen.

So bin ich neugeboren.

Von da an danke ich Ihm für jeden Tag meines Lebens, für jeden geschenkten und geschaffenen.

Dieses unerhörte Erlebnis verlangte von mir Klärung und eine neue Ordnung, auch die Ordnung meiner chaotischen Vergangenheit.

Wenn ein Russe, der nicht gerade Lutheraner oder Baptist ist, dies vor sich sieht, dann denkt er nur an einen Ort: das Kloster – und an einen Menschen: den Priester; denn die Priester sind die Beichtväter der Nation. So machte ich mich auf.

III. Im Kloster

18. Januar 1979

»Christus ist unter uns, mein Bruder!«

Gerade ist die Nachtwache zu Ende gegangen. Heute habe ich den ganzen Tag meine Beichte geschrieben, habe schon acht Seiten geschafft, aber das ist erst die Hälfte. Nur hier, in der Stille des Klosters, konnte ich mich detailliert an meine Vergangenheit erinnern, konnte mich zusammennehmen und schreiben.

Klosterdienst! Ungewöhnlich. Nicht jeder hält ihn aus. Er schont keine unserer menschlichen Schwächen, er duldet keine halben Gebete, halben Gefühle, halben Ernst. Man muß alle Faulheit und alles Selbstmitleid aufgeben und stehen, stehen, stehen. Unwillkürlich löst er in dir unsichtbare innere Kräfte, und du vergißt, wie viele Stunden vergangen sind – drei, fünf, sieben.

Aus Unkenntnis bin ich heute auf die rechte Seite des Gotteshauses gegangen. Dort standen gerade einige Dutzend Nonnen. Ich bin in deren Mitte geraten, und wegzugehen war nicht mehr möglich.

Sie verneigten sich tief, verneigten sich mit außergewöhnlicher, unbeschreiblicher Grazie – hier alle gleichzeitig, da einzeln; ihre Bewegungen wirkten wie eine perfekte Choreographie, deren Rhythmus sich mit dem Gesang der Schwestern aus dem Klosterchor zu einer himmlischen Harmonie verband.

Das Frauenkloster Pjuchtitskaja entstand Ende des neunzehnten Jahrhunderts. Das Gotteshaus steht heute unter Denkmalschutz. Es erhebt sich in diesem sumpfigen Gelände über einer Quelle, wo vor dreihundert Jahren estnische Hirten die Ikone »Entschlafung Mariä« fanden. So erzählt es die Geschichte des Klosters.

Fast zu jedem Abendgottesdienst kommen Touristen an. Sie stehen am Eingang zusammengedrängt, mit großen, staunenden Augen sehen sie sich um. Viele von ihnen sind zum ersten Mal überhaupt in einem Gotteshaus. Das Mütterchen Maria nimmt sie liebevoll in Empfang. Sie erzählt, daß allein ein Besuch der Kirche die Menschen zum Glauben bringen könne. Ihr lebender Beweis ist der heute tiefgläubige Sascha, der vor drei Jahren zum ersten Mal als Tourist kam und sofort Christ wurde.

21. Januar
Wieder schreibe ich abends. Über vieles möchte ich ausführlicher schreiben. Es scheint, daß die zwei alten Mütterchen neben mir nichts anderes tun als beten. Mutter Maria löscht uns das Licht, und so verbleiben sie die ganze Nacht vor dem Öllämpchen auf den Knien, und um fünf Uhr gehen sie zum Gottesdienst.

Mutter Maria stärkt uns mit ihrer Liebe wie eine sprudelnde Quelle. Sie umarmt uns. »Schwestern«, ruft sie, »wie gut, daß wir zu Christus gekommen sind!« Sie ruft es mit solcher Freude, als hätte sie gerade erst heute morgen angefangen, an Gott zu glauben.

Auch Kinder sind hier, herrliche Kinder! Daß in der Welt solche Geschöpfe leben wie die fünfjährige Antonia! Sie kommt mit dem Priester aus irgendeinem abgelegenen Dorf. Sie ist kein bißchen vorlaut oder verwöhnt und liebt Gott so sehr, daß sie ohne jeden Anflug von kindlichem Stolz immer wieder Pilger führt.

Wir tranken abends Tee und vergaßen, das »Vater-unser« zu beten. Antonia stand auf, erinnerte uns, betete laut und sang den Lobgesang zur Feier der Taufe Christi.

In der Kirche steht sie gerade wie ein Kerzchen. Und in

ihrem Dorf singt sie schon zusammen mit ihrer Mutter im Kirchenchor.

Und ich? Wie tief und scharf fühle ich, daß ich noch ein ganz weltlicher Mensch bin!

Wenn unser Herr nicht der liebende Herr wäre, der selbst die Toten auferstehen läßt, würde ich in stockfinstere Verzweiflung fallen. Alles in mir ist weltlich, nichts kann ich, weder in Kleinigkeiten noch in der Hauptsache.

Ein Beispiel: Ich trete in den Speisesaal ein, sehe hinter dem großen gemeinsamen Tisch Menschen sitzen und bleibe unschlüssig stehen – was soll ich sagen? »Guten Appetit«? – das ist eine profane Sitte, wie banal wirkt sie hier! Man muß sagen »Der Engel sei mit Euch.«

Anstatt »Danke« sagt man »Der Herr sei mit Dir.«

Am Ende des Tages bittet man um Vergebung.

Ja, aber woher kann ich irgend etwas von alledem wissen? Wer hätte es mir beigebracht? Es ist nötig, sich auf einen langen Weg vorzubereiten, sagte Starez Johann, und ich bin schon maßlos froh darüber, daß ich am Anfang dieses Weges stehe.

Jeden Tag lese ich, Mütterchen Maria gehorchend, im Psalter. Als ihr der Vater starb, gelobte sie, im Laufe von vierzig Tagen jeden Tag den ganzen Psalter zu beten. Sie hat aber noch viele andere Tätigkeiten, daher vertraute sie dieses Gelöbnis mir an. Und nun stehe ich in ihrer Zelle vor der Ikone der Mutter Gottes und bete schon ziemlich schnell die sich stets wiederholenden Worte.

Ich befinde mich zum ersten Mal in einer Nonnenzelle. Sie ist klein, sechs Quadratmeter; ein Bett, ein Nachttischchen, mehr nicht. Zwei Ecken sind mit Ikonen behangen. Als befänden sich in der Zelle überhaupt nur Ikonen, so beherrschen sie den kleinen Raum. Die Zelle wirkt nicht gerade gemütlich, aber auch nicht unwohnlich. Sie ist freundlich und warm. Über dem Bett hängt ein Teppich, in den leuchtenden, ins Auge springenden Farben der Fauvisten. Er zeigt ein Grab, und am Grab stehen ein Mönch und der Tod mit der Sense. Über dem Grab steht geschrieben: »Dem entgeht keiner.«

Manchmal werde ich sehr müde und fange an, beim Psalterlesen meine Haltung zu verändern, von einem Bein auf das andere zu treten; aber ich schäme mich; es ist mir schrecklich, schauen doch von den Wänden der Retter, die Gottesmutter und alle Gerechten auf mich herab!

Hier erhielt ich von dem Herrn noch ein Geschenk: Wagemut. Ich habe einen großen philosophischen Aufsatz geschrieben, und er ging mir leicht in die Feder, ohne Furcht vor meinen Gedanken und vor allem Vergangenen. Nach meiner Bekehrung fürchtete ich mich sehr vor dem Schaffen, das, so schien es mir, im Widerspruch stehe zur wahren Demut des Geistes. Ich fürchtete mich, weil mein Schaffen stets verbunden war mit Ruhmsucht und Eigenliebe. Hier aber schreibe ich und denke überhaupt nicht über mich nach. Die Worte legen sich schnell aufs Papier, es gibt keine falschen Qualen und Reflektionen.

Mir ist klargeworden, daß, wenn das Gebet an erster Stelle steht, uns der Herr auch alles andere gibt. »Trachtet zuerst nach dem Reich Gottes und nach seiner Gerechtigkeit, so wird euch das alles zufallen.«

Je mehr ich zum Schöpfer bete, desto mehr liebe ich Sein Werk. Es ist erstaunlich: Das Gebet führt nicht von der Welt weg, sondern bringt zurück in eine erneuerte, verwandelte Welt.

Und noch eine Entdeckung: die Zeit.

Wie häufig habe ich Christen sagen hören, daß ihnen schon für dringende Sachen keine Zeit bleibe, geschweige denn für das Gebet. So redet nur, wer niemals wirklich mit der höheren Welt so in Berührung kam wie mit seiner eigenen, und der das Evangelium bloß in Worten anerkennt, im

Herzen aber ein Materialist bleibt – nur der kann so reden. Für einen Materialisten gibt es die Zeit selbst nicht, er hat nie Zeit, er, der mit tausend Sachen Beschäftigte, ist nicht durch das unaufhörliche Gebet mit Jesus Christus vereint; nein, er bleibt in »der teuflischen Hast«. Jeder, der gern betet, weiß, daß Zeit keine Sache ist, keine vom Menschen bestimmbare Wirklichkeit wie der Raum.

Hier im Kloster habe ich, von vielstündigen Messen, von schwierigen Verpflichtungen abgesehen, immer mehr Zeit gehabt als in der Welt, und ich schaffe auch viel mehr.

Wahrhaftig, die Zeit läuft hier langsamer, aber in dieser Langsamkeit ist keine Verschlafenheit, keine Kraftlosigkeit. Diese in die Ewigkeit hineinfließende Zeit ist dauerhaft, tief, intensiv.

24. Januar
Ich habe heute erfahren, daß Johann von Kronstadt über unser Kloster prophezeite, es werde bis zum Ende erhalten bleiben, es werde standhalten und selbst in Jahren finsterster Prüfung lebendig bleiben. Und es ist wahr, unter dem wunderbaren Schutz des gegenwärtigen Herrn entfaltet sich diese herrliche Blüte inmitten einer leblosen, verwilderten Wüste.

Außerhalb seiner festen Wände rast die Welt und verliert den Verstand . . . hier fließen Tränen, hier wird für die ganze Welt Buße getan, für alle wird hier ununterbrochen gebetet. Allmählich werden mir Stil und Sprache dieses wirklich christlichen Lebens vertraut. Wieviel Sinn liegt darin, auf »danke« nicht mit »bitte« zu antworten, sondern »Zur Ehre Gottes«; daß man hier, bevor man das Zimmer eines anderen betritt, sagt: »Herr Jesus Christus, erbarme Dich unser!«

Und so bei jedem Eintreten und Verlassen.

25. Januar
Der heutige Tag bedeutete sehr viel für mich. Wozu bin ich Dir nutze, Herr! Für Dich gibt es keine Grenzen!

Ich fange an, der Reihe nach:

Zum ersten Beichte und Kommunion. Der Feind ließ solche Verlockungen über mich ergehen, daß ich heute beinahe um die Kommunion gekommen wäre. Gestern abend habe ich viel gegessen, viel mit einer Frau erzählt und darüber die zur Kommunion vorbereitenden Gebete vergessen. Heute morgen bin ich um fünf Uhr morgens aufgestanden, aus einem bestimmten Grunde ging ich in die Küche, um den gestrigen Kaffee auszutrinken, habe mich besonnen und kehrte um, ging wieder und kehrte nochmals um und noch und noch (ich schäme mich, es aufzuschreiben). Dennoch bin ich, nachdem ich um Segen gebetet hatte, als letzte zur Beichte gegangen.

Die Beichte nahm ein Mönch mit der großen Schima ab, Archimandrit G. Ich habe meine Sünden, die ich während der sechs Jahre meines irrenden Lebens vollbrachte, gebeichtet. Es war sehr schwer. Zuerst störte die Scham, dann störten die Tränen. Aber die Beichte fand statt. Meine Seele ist nun Gott geöffnet bis in den hintersten Winkel. Und die Teufel des Vergangenen werden es nicht mehr wagen, mich zu quälen.

G. ist ein Mönch mit einfachem, fast grobem Gesicht. Er sagte: »Ja, schwere Sünden«, und ich bekam eine Kirchenstrafe auferlegt: fünf Mal am Tage »Gottesgebärerin, Jungfrau, freue dich« zu beten, verbunden mit tiefer Verbeugung bis zur Erde, und dies vier Jahre lang.

Herr, laß mich würdig werden, Dir zu dienen ohne Trägheit, wie ich Satan gedient habe, dem Versucher!

27. Januar
In der Nacht bin ich durch irgendeinen schrecklichen Traum

wachgeworden (im Kloster verfolgen mich stets unreine Träume); mein Blick fiel auf die Ikone über meinem Kopf. Ich erinnerte mich, daß ich im Kloster bin, und das Gefühl, zu Hause zu sein, überkam mich. Dieses Gefühl kannte ich bisher nie. Ich hätte sterben mögen, solche Vollkommenheit und Fülle gewann die Existenz.

In den frühen Morgenstunden fängt hier das Mitternachtsamt an. Man liest Gebete, Psalter, singt Gesänge. Man betet leidenschaftslos. Klosterstimmen. Wie ich sie liebe!

Gereinigt, durchgefiltert von Gebeten, Fasten und Wachen fliegen sie, so scheint es mir, aus einer anderen Welt heran.

In der Kirche ist es dunkel, nichts lenkt von dem inneren strengen Gebet ab. Um sieben Uhr fängt die Liturgie an. Nach dem formal höchst armen und monotonen Mitternachtsamt ist das Singen der liturgischen Gesänge eine nie erlebte Wonne.

Am Anfang schien es mir ein wenig seltsam, aber allmählich wagt man sich Gott zu öffnen. Das ist das königliche Hochzeitsmahl der Seele.

Die Abendgottesdienste finden nur bei Kerzenlicht statt. Schwankende Halblichter ziehen die kalkweißen Wände und das stolze Gold der Ikoneneinfassungen aus der Finsternis heraus.

Wenn nach dem Gottesdienst der Klosterchor von dem Voraltar herunterkommt und sich in zwei Reihen gegenüber der Ikone aufstellt und das Lied anstimmt, dann ist es kein Singen mehr, sondern Weinen, Trauern und Wehklagen – »Du, sieh mein Elend; du, sieh meinen Gram«.

Darin ist das ganze mühsame Leben und Schicksal enthalten, das die einfachen Frauen zu Boden drückt; welcher Schmerz ist darin, welche Wahrheit!

Ein seltener und reiner Diamant ist der Glaube dieses Volkes. Nur in der Kirche, inmitten dieser heiligen, vor Leid vergehenden Seelen habe ich begriffen, was das ist: »das Volk«, und habe gefühlt, daß ich selbst zu ihm gehöre, zu diesem bettelarmen und glückseligen Volk Gottes.

11. Februar
Unser Kloster hat der Herr auf solch einem schönen Platz errichtet, mit außergewöhnlichen Kapellen verziert, verhüllt in zauberhafte Schneegewänder – ehrfürchtige Touristen glauben, man habe sie in ein Märchenland gebracht. Sie (man bringt sie mit Bussen hierher) führen sich hier sehr still und sogar fromm auf.

Das Gästehaus der Mutter Maria, in dem ich wohne, befindet sich auf der Anhöhe.

Heute ereignete sich etwas Lustiges: Eine junge Touristin schaute zu uns ins Fenster herein und sagte zu ihrer Freundin:

»Schau mal, sie schlafen sogar auf Betten!«

Über das Leben im Kloster gehen bei unserer Jugend die exotischsten Vorstellungen um.

Irgendwoher aus Sibirien kam eine Gruppe älterer Frauen an. Für diese Fahrt zum Kloster sparten sie ihr Geld einige Jahre. Silbe für Silbe lesen sie das Evangelium, das sie hier zum ersten Mal in den Händen halten, und weinen.

So schöne Gesichter wie im Kloster habe ich noch nirgends gesehen. Manche überraschen durch die Ausdrucksstärke und Reinheit der Linien; sie könnten der Leinwand eines Surikow (1848–1916) entsprungen sein. Es gibt auch nahezu körperlose Gesichter, zusammengesetzt allein aus Emanationen – reine Ikonen, keine Gesichter! Dies sehen, mein Bruder – wenn ich bedenke, auf welchem Platz mich der Herr leben läßt!

Schon einen ganzen Monat lang sehe ich keine leeren und

neugierigen Augen; ich höre kein unangenehmes Gelächter; ich habe keine Angst, einen Menschen anzusehen, mit ihm zu sprechen; ich habe keine Angst, aus der Zelle oder aus der Kirche auf die Straße zu treten – wie viel bedeutet das! Welche Wunden dies heilt; welche Kraft es gibt!

12. Februar

So gestaltete der Herr mein Schicksal, daß mir keine Minute Zeit für leere Wünsche und sinnlose Taten verbleibt; ich bin den ganzen Tag hinter dem Chorpult, lese Psalter, verbleibe vor der Ikone des Heilands. Manchmal sind die letzten Worte meines Gebetes auch das letzte Aufblitzen meines Bewußtseins. Während ich sie ausspreche, falle ich wie tot aufs Bett und schlafe ein.

Erstaunlich richtet der Herr meine Taten! Erstaunlich führt er mich.

Und gerade so ist es richtig, mich zu erziehen, mich nützlich zu machen; es darf keine Minute frei sein, keine Sekunde »privat«. Ich bin im Hause meines Vaters und wiederhole mit dem Psalmsänger: »Und im Hause des Herrn darf ich wohnen für immer . . .«

Wunderbar ist die Aufmerksamkeit des Mönches, dem ich beichtete. Wie schämte ich mich wegen meiner Sünden, so daß mir schien, dieser noch sehr junge Abt, ein Mönchspriester, würde nie wieder mit mir sprechen wollen, nachdem er über mich Bescheid wußte.

Aber jetzt ist alles anders, als ob ich ihm nichts Schlimmes erzählt hätte. Wir diskutieren oft zusammen, und ich staune, wie wohl mir diese neue Freundschaft tut.

Hier ist auch eine Bettlerin, eine ehemalige Lehrerin. Sie lehrte in der Vergangenheit Atheismus. Ihr Beichtvater legte ihr auf, für Gott so viele Seelen zu gewinnen, wie sie früher von Gott abbrachte. Aber jetzt ist es ihr nicht möglich zu unterrichten. Auf eine Bettlerin, dürftig gekleidet und Mitleid erregend, hört niemand.

Es betrübt sie sehr, daß es nicht in ihrer Kraft steht, die auferlegte Pflicht zu erfüllen. Ich habe über mich nachgedacht. Wie viele Menschen habe auch ich durch mein unsinniges Reden verdorben!

Ob ich die Sünde meiner früheren leichtsinnigen Worte sühnen kann?

Ungewöhnlich ist die Gegenwart des Heiligen Geistes an jedem Tag des Klosterlebens.

»Hier machen die Menschen gar nichts« – sagte mir eine Nonne, »hier macht Gott alles.«

Als ich hinausging, um mit dem Bus wegzufahren, besaß ich ein klares Bewußtsein von der Fülle des Lebens, hatte Festigkeit, Stärke gewonnen. Nur etwas verstimmte mich: daß ich den Priester nicht fand, damit er mich für die Reise segnete.

Aber gerade am Tor begegnete ich dem Abt, dem ich gebeichtet hatte. Er segnete mich. Bis heute erinnere ich mich, was für strahlende und funkelnde Augen er hatte.

Als sich die Pforte hinter mir geschlossen hatte, ging ich zur Quelle mit dem Heiligen Wasser. Hier zur Quelle kommen die Kranken herangefahren. Und nun muß man sich folgendes Bild vorstellen:

Verschneiter, bereifter Wald, zwanzig Grad unter Null, ein nicht tiefer Brunnen mit eisigem Wasser. Dort, der Reihe nach, baden die Frauen. Und man kennt hier keinen Fall, daß sich eine erkältet hätte! Im Gegenteil, es gibt tausend Fälle von Heilung. All das passiert ohne jegliches Aufheben, ohne besondere Fähigkeit zu Risiko und Tapferkeit. Sie steigen in das eiskalte Wasser, als nähmen sie zu Hause ein Bad.

»Dein Glaube hat dich gerettet!«

Das ist der echte Realismus des Wagemutes. Nicht diese Welt des Wunders ist geisterhaft und unwirklich, sondern die, in der solches Handeln berechnet wird.

Phantastisch ist die Welt der Alltäglichkeit, wo alles auf seinem Platz steht, und real die, wo die Berge sich ins Meer senken.

Erinnerst Du Dich noch, wie unser Herr sich fast gereizt an seine Jünger wandte, als sie versagt hatten? »Oh, ihr schwaches und ungläubiges Volk, wie lange muß ich noch bei euch bleiben!«

Ihm war wie keinem andern bekannt, wo Realität und wo Phantasie ist.

Es ist lächerlich und traurig zugleich, wenn Kierkegaard in »Furcht und Zittern« die Tat Abrahams (Opferung des Sohnes) als die Äußerung des höheren Absurdum betrachtet und vorschlägt, sich in diesem Absurdum »einzuspannen«, um Christ zu werden.

All dies ist Romantik. Annehmbares Christentum gilt als etwas Unmögliches und Abnormes. Der Glaube jedoch ist einfach. Er quält sich nicht mit Paradoxem ab.

18. März 1979
In der Einsiedelei der Verklärung Christi.

Geliebter Bruder im Herrn!

Jede Fahrt in das Kloster war mir eine neue Offenbarung. Und jedes Mal bekam ich durch die Gnade Gottes neue Kenntnis über das Verhältnis des weltlichen zum klösterlichen Leben. Diese Kenntnis allein hat für mich einen hohen Wert, da, wie Du weißt, das Kloster kein surrealer Überbau über der Welt ist. Im Gegenteil, das Kloster gibt dem christlichen Leben Gestalt, sei es für ein Leben in der Zelle einer Einsiedelei oder in einem Palast.

So also kam es vor drei Jahren zu meiner ersten Fahrt in jenes Kloster bei Riga, als ich gerade zu Christus gekommen war. Ich erinnere mich, wie ich mich in das klösterliche Leben hineinstürzte, wie in eine Schlucht, die Augen zusammengekniffen und alles vergessend.

Ich erinnere mich, wie auffallend der Kontrast zwischen dem war, wie ich im Kloster lebte, schaute und fühlte, und dem, was ich in der Welt tat. Ich erinnere mich, wie schlimm es mir war, das Kloster verlassen zu müssen, und jedes Mal fragte ich mich: Wo fahre ich hin? Und warum?

Und jedes Mal erstickte ich fast an der Häßlichkeit der Welt, wenn ich aus dem Kloster zurückkam. Erst in diesen letzten Monaten hat sich die Grenze, die mein Leben im Kloster von dem in der Welt trennte, etwas verwischt. Ich springe nicht mehr in das Klosterleben wie in einen tiefen Brunnen, sondern betrete es bewußt. Das Kloster setzt jetzt mein Leben und das Gebet in der Welt fort.

Immer klarer wird mir die Beständigkeit des religiösen Lebens; die schmerzhaften Kontraste verblassen und schwinden, und immer häufiger passiert es, daß das Kloster mich nicht gegen die Welt einnimmt, wie das früher war, sondern mir die Welt offenbart, mich zwingt, das Werk Gottes zu lieben.

Weißt Du, Bruder, in der letzten Zeit habe ich eine solche Neuheit und Vollkommenheit aller »weltlichen« Beschäftigungen verspürt; ich entdeckte die Schönheit der Menschen und Dinge, daß mir schien, ich sei auf dieser Welt vom ersten Tag der Schöpfung an, und diese Welt sei gut.

Ich brauche nicht zu betonen, daß diese Ansicht von jeder Art von Pantheismus weit entfernt und uns nur deshalb möglich ist, weil der Herr unsere Seele durch das Gebet schützt. Man kann auch sagen, daß solche Liebe zum Geschaffenen als Gottes Gnade sichtbar und gewonnen wird durch ständiges Gebet.

19. März

Es ist bezeichnend, das sich die Einsiedelei der Verklärung Christi geweiht, im Wald befindet. Zufällig stößt man auf sie – einige kleine Gebäude, zwei Kirchen –, ganz unerwartet findet man sie inmitten der Kiefern. Es gibt hier keine Klosterwände, keine in den Himmel ragenden Kuppeln.

Sie ist inmitten eines unberührten Waldes vor der menschlichen Neugierde versteckt, und dies stimmt sofort auf das Innere ein, auf das Lautlose und Beschauliche.

Und die Kapellen! Es gehören zwei zum Kloster. Besonders liebe ich die kleine aus Holz. Sie glitzert innen wie von Perlmutt. In solch einem Kirchlein kann man nur mit stillsten, fast unhörbaren Stimmen dienen, damit die Engel nicht erschrecken.

Diese Kapelle ist dem heiligen Johannes Klimakus geweiht, dem Verfasser von »Himmlische Leiter«.

Wieder habe ich begriffen, daß ich nichts verstehe und daß ich im Gebetsleben nichts erreicht habe. Ich bin sogar mit einer gewissen Selbstverständlichkeit in das Kirchlein hineingegangen, wie zu Besuch zu guten Freunden, und bin erschüttert, besiegt, beschämt worden. Ach, wenn Du wüßtest, was so ein Dienst in der Einsiedelei, der Feier von Christi Verklärung geweiht, bedeutet! Wie wollte ich sterben, in diesem Gebet aufgehen; eine andere Welt ist hier anwesend in all ihrem Realismus, in all ihrer Großzügigkeit und Vielfältigkeit.

Aber nach außen, für das weltliche Ohr, könnte die Messe hier einen seltsamen Eindruck vermitteln: dünne, zarte Stimmen der Nonnen, keine Ausdrucksstärke, keine Mimik, es gibt keine Möglichkeit, sich auch äußerlich auszudrücken.

Nachdem ich um acht Uhr morgens angekommen bin – die Messe war gerade zu Ende –, habe ich die Nonnen gebeten, mir irgendeine Verpflichtung aufzuerlegen. Und der Herr gab sie mir, und was für eine! Ich sollte die Kirche Gottes mit Blumen schmücken, und dann – es stockte mir fast der Atem – den Staub von den Ikonen wischen.

Ich habe diesen Staub fast nur mit Küssen und Tränen gewischt. Zum ersten Mal kam ich mit Gegenständen in Berührung, die zur Welt der Heiligen gehörten, wo ich doch früher, in der Welt, alles Dingliche verachtete!

Ich bin Mutter Afanasia unterstellt. Sie erzählte mir vom Kloster. Die Einsiedelei steht unter dem Schutz des heiligen Sergij Radonesch. Sie ist vor 78 Jahren von zwei reichen Schwestern, Mutter Sergia und Mutter Johanna, gegründet worden, parallel mit dem Kloster in Riga. Afanasia ist zwölf Jahre lang Nonne.

Ich fragte: »Ist es schwer, in das Kloster aufgenommen zu werden?«

Sie antwortete: »Es ist unmöglich.«

Das Wichtigste aber ist: Es ist unmöglich, sich anzumelden!

Ich sauge jedes Detail, jede Kleinigkeit, jedes Tüpfelchen des Gottesdienstes in mich auf. Wie Vater Ewgenij liest! Wie behutsam und sanft er »Wir loben Dich, wir preisen Dich . . .« intoniert, mit ersterbender Stimme das »Ehre sei Dir, der Du uns das Licht zeigst« ausspricht. Wie die Schwestern singen! Sie singen rein wie Kinder, aber nicht kindlich frei. Solche Freiheit des Singens kann man nirgends, weit und breit nicht, hören.

Mich haben sie in eine wunderschöne Zelle eingewiesen, dort sind wir zu zweit; Claudia ist die andere, auch eine Pilgerin, 35 Jahre alt. Claudia glaubt fanatisch, leidenschaftlich. Sie hat eine Menge seltsamer Vorstellungen. Da will sie mir klarmachen, daß es nicht möglich sei, unbedeckten Hauptes zu schlafen, daß man das Evangelium nur im Stehen lesen könne, daß man beim Essen nach der Kommunion alles aufzuessen habe usw.

Sie ist irgendwie unausgeglichen; es gibt in ihr absolut keine Trägheit, nichts Steifes. Da sinkt sie vor den Ikonen nieder, weint und ruft: »Ich sterbe, ich sterbe, rette mich, Mutter Gottes!« Und gleich darauf erstrahlt sie in ihrer ganzen Güte und Freude wie die Sonne selbst: »Schwestern, wie herrlich richtet doch der Herr alles ein!«

21. März
Abendgottesdienst. Ich bin eine der ersten im Gotteshaus. Ich stehe, bete leise das Gebet des Herrn. Rechts und links von mir tauchen zwei Frauen auf, die gestern aus Leningrad angekommen sind. Ich habe gehört, daß sie besessen sind. Mein Bruder, ich habe höllische Qualen gesehen! Als man bloß »Du sanftes Licht« anstimmte, mein Lieblingslied (um dies zu hören, bin ich bereit, Quadrillionen von Kilometern in der Dunkelheit zu kriechen), schrien plötzlich beide Besessene auf, nicht mit weiblichen, auch nicht mit männlichen Stimmen, sondern mit Stimmen, die irgendwie unmenschlich waren: »Da, sie betete!« Es schien mir, daß rings um mich eine höllische Flamme tobt, mit welcher die Sünder qualvoll gefoltert werden. O Gott, wie gefährlich ist es, wie trügerisch ist unser Leben! Über welch einer Schlucht hänge ich Sekunde für Sekunde.

Danach sind sie etwas stiller geworden und verwandelten sich in ruhige, demütige Pilgerinnen, das aber nur so lange, bis man anfing, den Akafist »Für das Kreuz des Herrn« zu lesen. Beide Frauen riefen fast ununterbrochen immer dann, wenn im Text das Wort »Satan« fiel: »Genug, schon wieder das Kreuz, ich kann nicht mehr, Erbarmung!« Beide Frauen gellten mit unmenschlicher Stimme, so daß der Chor fast nicht zu hören war: »Ach wie furchtbar, wie furchtbar!« und lange zuckten sie mit allen Gliedern und stießen gegen den Boden. Eine der Frauen schrie zuweilen irgend etwas, was offensichtlich auf mich bezogen war. Wir knieten in einer Reihe, Schulter an Schulter (im Gotteshaus ist es sehr eng). »Wie eifrig sie betet, und du sollst nicht gesündigt haben, du dumme Gans« gellte eine grobe tierische Stimme, als mein Herz in Stücke gerissen wurde, weil gerade »Ehre sei Gott in der Höhe« gesungen wurde. Es ist aber nicht nötig, diesen Stimmen Gehör zu schenken – er ist doch »der Vater der Lüge«, ich habe verstanden, daß es Sünde ist, und habe versucht, sie nicht zu beachten.

Nirgends stehen Paradies und Hölle so dicht nebeneinander wie im Kloster. Die Heiligkeit, Freude und himmlische Reinheit und daneben die fürchterliche Gefangennahme des Menschen in Sünde, dem Rachen der Hölle.

23. März
Mütterchen Serafina gab mir zur Buße auf, die Regeln des Klosters abzuschreiben. Da fast alle Pilger und Pilgerinnen in das Kloster kommen wollen, dies aber nicht möglich ist, werden sie heimlich draußen in der Welt geweiht. Mönchtum in der Welt – darüber sprach, glaube ich, auch der ehrwürdige Starez Siluan – wird noch zum Mönchtum der neuesten Zeit. Obwohl die Geweihten ihren normalen weltlichen Beschäftigungen weiter nachgehen, sind ihre Verpflichtungen zur Buße sehr streng. Ich kenne eine Lehrerin, die eine heimliche Nonne ist, und einen Arzt, der kürzlich geweiht wurde.

24. März
Heute fahre ich fort. Ich schreibe Dir heute aus Riga, wo ich auf den Zug aus Leningrad warte. Bin aus dem Kloster zusammen mit den beiden Besessenen, Tamara und Antonia, abgefahren. Ich habe sie sehr liebgewonnen. Beide stammen aus einem Dorf nicht weit von Leningrad. Sie kommen

in unsere Kirche, wo sich ihre Besessenheit nur schwach äußert, meistens in Krämpfen. Hier im Kloster, so sagen sie, sprach »er« zum ersten Mal. Je heiliger die Stätte, desto größer sind ihre Qualen, aber desto gründlicher ist auch ihre Reinigung.

Als wir das Kloster verlassen haben, fingen sie an zu erzählen, daß sie wachsende Last spürten, »als ob sich die Beine ganz mit Gußeisen füllten.«

Tamara, 50jährig, ist eine einfache Frau, halbgebildet, ihr ganzes Leben war eine einzige Pflicht: Kinder, Mann, Arbeit. Sie ist sehr schön, ihre umschatteten Augen sprechen von Leid; sie hat eine tiefe Stimme und spricht nur zögernd. Sie ist sehr sensibel, höflich, und im Umgang fällt ihr feiner christlicher Takt auf. Sie ist kränker als ihre Freundin, und das schon siebzehn Jahre!

Antonia, um die sechzig, ist ein einfaches Dorfweib. Ein wenig geschwätzig, etwas eitel. Wenn es sie »packt«, erhält sie die Gabe des Hellsehens und hat damit im Kloster auch einige Pilgerinnen »überführt«. Am Ende schrie die in ihr sitzende Stimme auf: »Armes böses Weib!« Dann gab es kein Leugnen mehr.

Ein andermal prophezeite diese Stimme, und alles lief zusammen. Antonia weiß, daß sie diese Gabe vom Bösen erhielt. Die böse Kraft, die in ihr saß, wirkte vollkommen unabhängig von ihrem Willen. Wenn »er« schrie, stopfte sie sich den Mund zu, aber »er« brach durch und schrie unmenschlich laut.

Aber nun ist sie gereinigt. Befreit!

Wir sind nach Riga gekommen und ich habe meine Freundinnen so liebgewonnen, daß ich es gar nicht auszudrücken vermag. In Riga hatte ich Lust, alle Blumen aufzukaufen und sie ihnen zu schenken. Aber wie gleichgültig sind sie allem gegenüber, außer Gott, den sie so nötig brauchen. Wie demütig erdulden sie ihre Leiden. »Wie könnten wir denn klagen, wo Er allein wahrhaftig litt!« Ihre Worte sind mir noch im Ohr.

Bettelarm, zerlumpt, so wandern sie von Kloster zu Kloster, ernähren sich bloß von schwarzem Brot und Wasser, und am Tage der Kommunion genießen sie nichts; schlafen auf Bahnhöfen und im Wald, und für all das danken sie Gott.

Um sieben Uhr abends fahren sie nach Petschory ab. »Dort treibt Starez Vater Adrian die Teufel aus.«

25. Juni 1979

Wie gerne möchte ich doch die seltenen, geheimnisvollen Bilder, die für immer im Gedächtnis verbleiben, an Dich weitergeben! Nun, es wurde Morgen, fünf Uhr, noch Halbdunkel. Durch meinen Traum höre ich die Glocke, ich springe auf, bekreuzige mich, laufe. Alle sind schon im Gotteshaus. Ich laufe zwischen hohen, fast bis in den Himmel ragenden rauschenden Kiefern hindurch. Da ist die Kirche. Ich werfe einen Blick durch das Fenster. Gegen das Flimmern der Kerzen sehe ich die Köpfe in Schwarz. Sie neigen sich so besonders, ganz losgelöst und geheimnisvoll. Sie singen, ich höre es nicht, sie alle schwinden weiter und weiter, aber es gibt sie. Gott, es gibt sie, es gibt sie!

Und solche Momente gibt es viele. Wie schade, daß ich sie nicht zu beschreiben vermag! Ich gehe meine Aufzeichnungen durch:

5. Juni 1979 – Petschory

Ehrwürdiger Vater Cornilius, bete zu Gott für uns!

Ich schreibe Dir, auf einem hohen Hügel sitzend, in gleicher Höhe mit den goldenen Kuppeln der Kathedrale des Erzengels Michail und der Nikolskoj-Kirche in Petschory. Unten befindet sich ein tiefer Graben, eine mächtige Festungswand, dahinter liegt eine andere Welt, an deren Existenz schwer zu glauben ist.

Gestern bin ich im Kloster in Petschory angekommen. Ich habe gebetet, und augenblicklich sah ich die Tür eines Häuschens, ganz nah beim Kloster. Ich habe mit den Worten »Herr Jesus Christus, Sohn Gottes, erbarme Dich meiner« angeklopft. Eine Nonne öffnete mir und nahm mich auf.

Und nun bin ich beim heiligen Brunnen. Ringsherum jenes Rußland, das man bloß auf Bildern sehen kann: vom erhabenen Gefühl durchdrungene Frauengesichter, sanfte und helle.

Neben mir sprechen zwei zusammen, ein junger Mensch in Lumpen, mit wunderschönem hellblondem und gelocktem Haar und weicher, fast weiblicher Stimme, solche nennen sie bei uns »die Glückseligen«, und ein strenger Mönch. Ich möchte glauben, daß ich in das 14. Jahrhundert hineingeraten bin, daß es keine weiteren mehr gab, vor allem kein zwanzigstes mit seiner aufreibenden Hast und Besessenheit.

Aber diese »historischen« Betrachtungen mußten aufgegeben werden, als man die Höhlen öffnete und wir (einige Pilger) dann dem grauhaarigen Starez in ein absolutes Dunkel folgten. Und schon sind wir nicht in der Tiefe der vergangenen Jahrhunderte, sondern in der Ewigkeit! Ich entsinne mich meiner Empfindungen in den Höhlen des Kavkaz; welches Entsetzen erfaßte mich damals! Wie klar habe ich den Atem des Todes gefühlt. Aber hier – ganz im Gegenteil! Ich könnte mich verlaufen, mich verlieren in den langen komplizierten Labyrinthen, ich würde aber weder Angst noch Unruhe empfinden. Mein ganzes Wesen war durchdrungen vom Gebet von Tausenden hier begrabenen Heiligen.

Es ist wunderbar, daß der Starez schwieg, nichts erzählte.

Er führte bloß den Gottesdienst durch. Und wir, mit Kerzen in der Hand, sprachen ihm leise das Halleluja nach.

In den letzten Wochen bin ich fähig geworden, etwas tiefer in den Sinn des Pauluswortes von der uns umgebenden Wolke der heiligen Zeugen einzudringen. Ich sage sogar mehr: der Umgang mit dieser Welt zeigte sich mir zeitweise lebendiger und pulsierender als der Umgang mit der Wirklichkeit.

Hier, in den Höhlen, wird die Gegenwart der Heiligen und der Asketen zur unumstößlichen geistlichen Tatsache.

Wie die frühen Christen sind wir mit Kerzen in der Hand durch die dunklen Labyrinthe gegangen. Vor dem Kruzifix in einer kleinen unterirdischen Kapelle der Auferstehung blieben wir stehen. Hier wird einmal im Jahr gedient, und zwar zu Ostern. Der Gesang ging ungezwungen in die Hymne der Auferstehung über: »Nachdem wir die Auferstehung Christi gesehen, lasset uns anbeten den Heiligen Herrn Jesus, den allein Sündlosen«.

Wir küßten ehrerbietig das Kreuz.

Unter uns befanden sich wieder zwei oder drei Besessene. Sie reagierten auf die Gebete nicht nur mit der Seele, sondern auch mit dem Körper, sie preßten sich wie unter einer Magnetkraft mit all ihren Gliedern an die Wände der Höhle. Auch diese Unglücklichen wissen allzu gut, daß sie zur Heilung hier sind.

Um sechs Uhr abends findet der Gottesdienst in der Kirche Mariä Entschlafung statt. Weißt Du noch? Halbdunkel, das geheimnisvolle und heimliche Blinken der Lämpchen und Kerzen, einer vom anderen getrennt, im Gotteshaus zerstreut! Gesang, der jedesmal anders klingt, je nach dem, in welcher Ecke des Gotteshauses du betest.

Klostergesänge!

6. Juni
Es scheint, daß hier, im Kloster, alle Menschen der Ostkirche zusammengetroffen sind. Ungewöhnlich schöne und strenge Mönche, viele von ihnen sind jung, mit ikonenhaftem »ausgebetetem« Antlitz. Zwischen den Pilgern befinden sich hervorragende, sehr ausdrucksvolle orthodoxe Gesichter. Ich bemerke, daß ich mich im Laufe all meiner Gottesdienste neben zwei völlig verschiedenen Menschen befinde. Einer von ihnen ist ein geistig Behinderter, im alten Mantel, mit ungewöhnlich schönem Gesicht. Irgend etwas Biblisches und gleichzeitig rein Russisches ist an ihm. Langes lockiges Haar fällt ihm auf die Schultern, die Augen sind sanft und ein wenig traurig. Er betet ununterbrochen. Außerhalb des Gebetes kann ich mir ihn nicht vorstellen.

Und auch der andere Mensch ist stets neben mir: ein früherer Hippie, vielleicht auch ein Yogi (ich sehe es daran, wie er seinen Rücken hält). Er hat auch langes, durch einen exakten Mittelscheitel geteiltes Haar, die Kleidung ist die eines Hippies, in der Hand hält er den Rosenkranz. Ununterbrochen verrichtet er das Jesus-Gebet: »Herr Jesus Christus, erbarme Dich meiner.« Sein asketisches Gesicht ist aber nicht hell, wie es bei dem Behinderten der Fall ist.

7. Juni
Im Kloster traf auch eines der Mitglieder unseres Leningrader Seminars ein, Sascha. Er ist das erste Mal im Kloster, kein kirchlicher Mensch, auch kein Gläubiger, ein Agnostiker. Er ist voller Opposition. Und da bin ich Zeugin seiner erstaunlichen völligen Umwandlung geworden.

Wir sind zusammen zur Beichte zu Vater O. gegangen. Der Herr führte uns zu diesem größten Beichtvater und Bändiger des Bösen. Wir warteten vier Stunden lang, bis wir an die Reihe kamen. Es hat mich gefreut, daß Sascha geduldig ausharrte und sich als letzter näherte. Vater O. sagte zu ihm: »Sehr gut, daß Du aushalten konntest!« Er sagte ihm, daß die Wissenschaft keine wahre Führung gibt; daß es die Hölle gibt; fehlerfrei erkannte er Saschas grundsätzliche Verirrungen, obwohl dieser schwieg, gar nichts von sich erzählte: nämlich seine Ablehnung der geistlichen Welt. Vater O. sagte ihm, daß Sascha auch zum Vertreiben der bösen Geister kommen solle.

Sogar die Kleinigkeiten hatte Vater O. sofort erkannt: Er verbot Sascha das Trinken, und Sascha neigte dazu. Sascha kam mit Tränen in den Augen zurück.

Dann ging er zum Vertreiben der bösen Geister. Er kam zurück mit vollkommen erneuertem, jungem, reinem Gesicht.

»Ich habe die Hölle gesehen«, sagte er.

Gebe Gott, daß diese Tage für ihn der Anfang seines geistlichen Weges werden.

Die Tage vergehen wie ein ununterbrochener Gottesdienst. Es gibt keine Müdigkeit, man braucht nichts anderes, weder zu essen, noch zu schlafen. Im Gotteshaus sehe ich unseren Starez, ich höre seine merkwürdige Stimme, die so persönlich, rund und stark ist, lediglich zum Schluß des Ausrufes wird sie irgendwie schwächer, sie stirbt ab, wird sanft bis zur Hilflosigkeit. Ich weine immer, wenn ich ihn höre.

Gestern habe ich gehört, wie unser Starez mit einer Frau sprach. Nach dem Gottesdienst treten ganze Scharen an ihn heran. Und da näherte sich diese Frau und fing an zu klagen, daß irgendeine andere Pilgerin sie ständig behexen möchte. Unser Starez hörte aufmerksam zu, dann sagte er: »Ich lebe 70 Jahre auf dieser Welt und bin keinem einzigen schlechten Menschen, außer mir selbst, begegnet.«

Jedesmal erstaunt mich die Weisheit seiner Antworten.

9. Juni
Vor dem großen Fest der Pfingsten.

Der Gottesdienst findet in der großen Kirche des Erzengels Michail statt. In der Mitte des Gotteshauses stehen lange Tische, überladen mit Brot. Die länglichen Weißbrote sehen so feierlich aus, auf jedem steht eine brennende Kerze. Bisweilen durchdringt die Sonne die Kuppel der Kathedrale, und das Licht der Kerzen erblaßt, es wird kühler im Gotteshaus. Dann schwindet die Sonne, und alle Kerzen erstrahlen plötzlich wie ein brennendes Gebet.

Wie immer standen wir drei nebeneinander: der geistig Behinderte, der ehemalige Hippie und ich. Es ist mir eingefallen, daß wir irgendwie einen Gebetskreis bilden. Seltsam, daß mir bisher kein einziges Mal die Idee kam, mich mit dem Hippie oder dem Behinderten bekanntzumachen. Aber was kann gehaltvoller und vollständiger sein als die Gegenwart beim gemeinsamen Beten!

Nun beschreibe ich das wichtigste Ereignis, das mir am 2. Pfingsttag passierte:

Nach dem Abendgottesdienst kam eine Frau zu mir und bat mich, ihr zu folgen. Bald darauf befand ich mich in einer Klosterzelle und empfand eine riesige Freude – zum ersten Mal im Leben konnte ich ganz nah und unmittelbar unseren Starez sehen und hören. Er spricht schnell, sehr konkret und klar. Dabei ist seine Rede reich an Bildern, Metaphern. Es ist gleichzeitig eine sehr einfache Sprache und auch die Sprache eines gebildeten Menschen – er benutzt theologische Termini und philosophische und allgemein akademische Fremdwörter.

Der erste Eindruck ist, vor mir stände der Ehrwürdige Serafim Sarowskij.

Ganz, ganz nah bringt er sein Gesicht an das meine, er schaut mich direkt und freundlich an. Sein Äußeres scheint zu sagen:

»Und du, meine Freude?« (So sprach auch der Ehrwürdige Serafim).

Wir hatten nicht viel Zeit. An solch einem großen Festtag gibt es doch so viele Pflichten! Aber der Starez konnte mir doch das Wichtigste sagen: das Nötige und Tröstende. Er hatte aufmerksam meine Beichte, die ich ihm vor einem Monat geschickt hatte, analysiert und das Gespräch auch speziell in dieser Richtung geführt.

Aber alles der Reihe nach:

»Ihr Weg ist zweifellos ein Weg von der Erde zum Himmel. Die Heiligen Väter nennen ihn Wiedererweckung durch den Fall. Sie haben einen wißbegierigen und kritischen Verstand, Sie haben eine geistige Begeisterung nach der anderen überlebt. Jetzt müssen Sie aus allen Ihren vergangenen Erfahrungen die nötigen und guten Körner auswählen.

Wissen Sie, wie man Konfitüre macht? Jede faule Erdbeere wird herausgenommen, die zweite Qualität nimmt man für Gelee, und von den besten Erdbeeren macht man Konfitüre.

Ahmen Sie die heiligen Märtyrerinnen Jekaterina und Barbara nach. Ich segne Sie für Ihr Theologiestudium!«

Ein großer Teil des Gesprächs wurde der Ehe gewidmet. Ich weiß nicht, warum; ich habe doch in der Beichte von meinem Wunsch, Nonne zu werden, gesprochen!

»Empfängnis, das ist das große Geheimnis und das heiligste Ereignis. Nicht umsonst feiert unsere Kirche den Tag der Empfängnis Mariä, den Tag der Empfängnis des Johannes des Täufers. Empfängnis muß eingebettet sein in Gebete. Die Zusammenkunft zweier Menschen krönt einen langen Weg, die geistliche Annäherung und volle Einigkeit in Jesus Christus. Nur wenn einer in dem anderen Jesus sehen kann, nur dann, wenn sie Tag und Nacht nebeneinander sitzen, sich in die Augen sehen können, keine unsauberen Gedanken empfinden, dann sind sie würdig, Mann und Frau zu werden. Jede andere Annäherung empfindet man als Schande vor den Augen der Menschen vor Gott. – Sie können heiraten, aber nur einen geistlich Nahen, einen Ihnen geistig Gleichwertigen.«

»Und was ist mit dem Klosterleben?« fragte ich. »Kann ich hoffen, doch irgendwann einmal Nonne zu werden?«

»Ach, Sie, fürchten Sie nichts. Mönchtum, das ist doch nur ein Kleid!« sagte er und zupfte an seinem Ärmel. »Lediglich ein Kleid. Wenn der Herr Ihnen keine Ehe beschert, dann werden Sie Nonne.«

Zum Schluß seiner Belehrungen sagte der Starez:

»Das ist das Wenige, womit ich Ihnen helfen kann. Das wichtigste Brot gibt Ihnen Ihr Beichtvater. Ich füge bloß Krümelchen dazu. Beten Sie für mich.«

Und noch etwas sagte er:

»Ich kenne vier Tatianas. Eine davon kennen alle, die zweite kennen die Freunde, die dritte, die kennt nur sie allein, die vierte kennt nur Gott allein. Aber es muß nur eine Tatiana geben. Es darf nicht sein, daß ein Goldbarren auseinanderfällt und zum Sand wird!«

Am stärksten empfand ich beim Starez die ungezwungene, aktive, unerschöpfliche Liebe. Trost und Weisheit, Einsicht und Realismus und damit verbunden die Höhe und fast Unerreichbarkeit des Ideals. Er fordert Höheres, und dieses Höhere ist äußerst einfach und möglich, da ja mit dem Herrn Jesus Christus alles möglich ist.

Das Bild des Starez und seine Worte bleiben mir im Gedächtnis. Mein ganzes Leben wird nun davon geprägt. Ich bin beschämt, und gleichzeitig bin ich froh, daß ich der Kirche angehöre, die solch einen Hirten hat.

IV. Christentum und Kultur

»Und so stellen wir uns das Werk christlicher Kultur vor: Das schon ertragene und das noch bestehende Elend, das durch den Geist des Atheismus und Antichristentums hervorgerufen wurde, erschüttert die Herzen der Menschen, so daß sie anfangen, frei zu Christus und zur Aufnahme der Gaben Seines Geistes in das Leben und in die Kultur zurückzukehren. Dieser Prozeß kann nicht von außen und nicht unter Zwang in Gang gesetzt werden, sondern nur von innen, vom Herzen kommend und frei; er verwirklicht sich in Übereinstimmung mit dem freien Werk Gottes. Weder die Kirche noch der Staat können ihn zur Pflicht machen. Christliche Kultur entsteht in Herzen, die sich im Prozeß der Leiden und Enttäuschungen Gott zugewandt haben – sie ist das sichtbare Zeichen dieser Zuwendung. Das ist es, warum manche von uns geneigt sind zu glauben, daß gerade Rußland als erstes diesen Weg antreten kann, weil es an Leiden und Enttäuschungen anderen Völkern voraus ist.«

So schrieb der in der Emigration lebende russische Philosoph Iwan Iljin im Jahre 1951. Einige Jahre später machten sich die Anfänge einer neuen christlichen Kultur in Rußland bemerkbar. Iwan Iljins Worte erfüllten sich. Heute begegnen wir dem Wunder einer vorher nicht vorstellbaren und menschlich nicht erklärbaren Vereinigung von Freiheit und Kirchlichkeit, von schöpferischer Tätigkeit und Gehorsam, Gewandtheit und Strenge; wir begegnen in der russischen Kirche der wiedererwachten prophetischen Kraft. Das Ja oder Nein dieser erweckten Kirche nimmt Einfluß auf das Werk von Künstlern und Dichtern, Schriftstellern und Gelehrten; die Freiesten und Mutigsten kommen herzu, und ausgerechnet die, die keine Sklaven der Menschen werden wollten, wurden freiwillige und freudige Diener Gottes.

Um in die Kirche einzutreten, braucht man nicht nur Glauben, sondern auch Vertrauen. »Wenn ihr nicht umkehrt und werdet wie die Kinder, so werdet ihr nicht ins Himmelreich kommen.«

Alles schien uns ungewohnt in »unserer« Kirche: so die Liturgie in einer für uns halbverständlichen Sprache; die bösen Alten, die uns während der Liturgie ständig zurechtwiesen: Da bekreuzigst du dich nicht, wie es sich gehört – da stehst du nicht richtig – und da küßt du die Ikone nicht ehrerbietig genug. Aber die Freude über die Entdekkung Gottes war so immens und verblüffend, daß wir auch bittere Medizin widerspruchslos geschluckt hätten. Ein Neubekehrter nahm die Kirche mit allen ihren Verboten und Vorschriften als ein Ganzes an; er lebte sich mit Leib und Seele hinein, weil er glaubte, daß sich irgendwann auch für ihn das öffnete, was noch verschlossen war; denn er liebte das neue Leben und die neue Schönheit und suchte sie eifersüchtig vor der nichtenden Neugier und der Gleichgültigkeit von Betrachtern zu schützen.

Ich erinnere mich, wie plötzlich und unvermutet sich für mich die Wiedergeburt fast aller meiner Freunde darstellte, die früher Ironiker, Zyniker, Hanswurste und Trinker waren. Nun waren sie orthodoxe Christen. Wie hell und ernsthaft waren jetzt ihre Gesichter, wie jung wirkten sie doch, wieviel Stille zeigte sich in ihren Gesten, Worten, Gefühlen. Gelehrte und Schriftsteller gingen in die Klöster oder ließen sich heimlich weihen, Welt, Kultur und Wissenschaft hinter sich lassend.

Für viele wurden die Worte Rozanows (1856–1919) wahr: nach dem Evangelium wirkte die gesamte weltliche Literatur strohern, nach dem allersüßesten Christus schmeckte jede andere Nahrung bitter und fade: »In Christus wurde die Welt ranzig, gerade von Seiner Süße. Wenn ihr nur das Süßeste, Unerhörte, wahrhaft Himmlische probiert, so habt ihr den Geschmack an dem gewöhnlichen Brot verloren . . . Nur wer aufmerksam hinschaut auf Jesus, kann sich Kunst, Familie, Politik und Wissenschaft ganz hingeben – wer das nicht wahrnimmt, muß blind sein . . .« Kaum waren wir von neuem geboren, wurde uns unsere heidnische Vergangenheit bewußt. Wir haben sie mit Abneigung zur Kenntnis genommen, und manche verwarfen nun mit einer Art von spöttischer Freude alles, was früher ihr ganzes Leben ausgefüllt hatte: Das Schreiben von Gedichten faßte man als Sünde auf, die Philosophie als Frucht des Hochmuts, politische Arbeit (Dissidententum) war eine Sphäre, wo, wie uns schien, die seichten und hochmütigen Leidenschaften herrschten.

Es war schwer, irgend etwas anderes als Christus zu sehen, und mit einer Art Begeisterung wiederholten wir die Worte des Apostels Paulus: »Denn ich hatte mir vorgenommen, unter euch nichts anderes zu wissen als Jesus Christus, und diesen als gekreuzigten.«

Aber diese Flucht aus der Welt war nur die halbe Wahrheit. Eine noch verwunderlichere Tatsache unseres Lebens war das Faktum, daß wir diese Welt entdeckten. Da hatte sich nun das Wunder der Kirche vor uns aufgetan: unsere gefesselte und niedergedrückte russische Kirche verschlang uns mit Haut und Haar, heiligte unsere Talente und unser Wissen, söhnte uns mit der Welt der Kultur aus und forderte durch den Mund ihrer besten Hirten – sie hat es nicht einfach nur erlaubt, sie forderte von uns, daß wir es wagen sollten, unsere Arbeit nicht im Stich zu lassen.

So wurde die christliche Aufklärung zu einer der Aufgaben des weltlichen Apostolats. Wir bewachten unsere Geistlichen; wir baten sie, nicht außerhalb des Gotteshauses zu sprechen (weil dies als »religiöse Propaganda« bestraft wurde), aber wir lebten im Sinne ihrer Weisungen und Belehrungen und trugen diese aus der Kirche in die Welt hinaus: »Was ich euch im Dunkeln sage, davon redet am hellen Tag, und was man euch ins Ohr flüstert, das verkündet von den Dächern.«

Das ist – im Unterschied zum sozialistischen – christlicher Maximalismus, Verkündigung in der Hochform der Zwölf, durch die die Welt besiegt wurde. So wurden nicht nur jene zu Maximalisten, die aus der Welt der Kultur in die Welt des reinen Gebetes gegangen sind. Auch Schriftsteller, Poeten, Künstler, die ihre Talente in den Dienst Christi stellten, lebten in ständiger Bereitschaft, alles zu verlassen, denn sie hatten sehr gut verstanden, daß ohne die glühende Liebe zu Gott ihr christlicher Glaube zum Utilitaristischen degradiert würde.

Wir waren eins in unserer Liebe zu Christus. Wir sahen ein, daß man nur mit Leib und Leben und nicht anders Christ sein kann; daß auch heute ein Christ Zeuge ist, was auf griechisch »Märtyrer«, Gepeinigter heißt, und daß er jetzt wie damals unvermeidlich »den Griechen eine Torheit, den Juden ein Ärgernis« sein würde.

Wir waren eins im Glauben, aber wir hatten verschiedene Dienste, und es ist bemerkenswert, daß unsere Kirche für uns das Haus des Vaters werden konnte, wo es »viele Wohnungen«, also auch vielerlei Bewohner gibt; wo jeder den nur ihm und Gott bekannten Weg zu gehen hat – ein neuer Mensch, eine wunderschöne Persönlichkeit, die sich keine Sekunde in die alte zurückverändern kann, weil sie den riesigen Zustrom neuer Kräfte spürt. Sie badet im Ozean der göttlichen Liebe.

Die einen hieß die Kirche, sich von der Welt zurückzuziehen, die anderen, dort zu verbleiben und zu neuen Aufklärern für die Welt zu werden. Unter meinen Freunden fanden sich sowohl die einen als auch die anderen. Ich selbst schwankte ständig; so wollte ich sofort alles zurücklassen und zurückgezogen leben, Nonne werden; aber sogleich zeigte sich die Welt erneut als Spiegelung der Ehre Gottes, ein Gefühl unerklärlicher Liebe zu Gott söhnte mich mit den Menschen aus, mit den Büchern, der Kultur, mit all der in den Schöpfer verliebten Kreatur.

Diese beiden Pole meines Seins standen zueinander in keinem schmerzhaften Widerspruch, weil dies ein rein psychologischer und keineswegs ein wesentlicher Widerspruch war: der Weg eines Mönchs und der Weg eines Weltlichen ist in der Orthodoxie ein und derselbe.

Aber auch der Geistliche half da; schwerlich wäre es mir ohne ihn möglich gewesen, das nötige Maß und die nötige Perspektive zu finden.

Zu der Zeit meiner Bekehrung ließ sich auch die Mehrzahl meiner Freunde taufen.

Das Christentum war geradezu zur Mode, zur guten, nützlichen Mode geworden, ein Zeugnis davon, wie anstekkend das Gute wirken kann.

In den 70iger Jahren zählte sich gut die Hälfte der inoffiziellen Dichter und Künstler in Leningrad zu den Christen. Allen war bekannt, daß auch die offizielle schöpferische Elite von Moskau und Leningrad christlich wurde. Leute mit Universitätsbildung fingen an, sich um Aufnahme in die Geistlichen Akademien von Moskau und Leningrad zu bemühen. Aber deren Kapazitäten reichten nicht aus, so daß die meisten der Aufnahmesuchenden abgewiesen werden mußten. In ein Seminar oder in die Akademie einzutreten war schwieriger, als in das Institut der Internationalen Beziehungen, als in eine beliebige Fakultät der Universität zu gelangen.

Leute mit Bildung jedoch ließ man nicht heran; die Behörden fürchteten die Vereinigung von Kultur und Glauben. Und trotz alledem kam dieser und jener aus den Reihen der Philosophen und Physiker wie durch ein Wunder hinter die Mauern der Geistlichen Akademie, konnte diese absolvieren und Priester werden.

Dennoch – als das wichtigste Ereignis unseres geistlichen Lebens muß man tatsächlich das Entstehen des weltlichen Apostolates ansehen. Unseren Priestern war jegliche Tätigkeit außer den Amtshandlungen eines Geistlichen und der Durchführung der Liturgie untersagt. Die Aufgaben der christlichen Erziehung und Bildung nahmen deshalb die Weltlichen, die Laien, die früheren Heiden und Götzendiener, auf sich. So entstehen religiöse Seminare. Unabhängig voneinander, aber gleichzeitig entstehen zwei der bekanntesten – Seminar Ogorodnikows in Moskau und unser Seminar in Leningrad.

Dies war so natürlich und so notwendig, denn wir waren Christen geworden, und jetzt mußte man sich mit dem Christentum bekanntmachen, in ihm den richtigen Platz finden.

Unser Seminar entstand 1974. Zuerst trafen wir uns in der Wohnung der Physikerin Marina Nedrobowaja, dann bei uns, in der Wohnung »37«, wo wir zu dritt lebten: der Dichter Viktor Kriwulin, der Biologe Lew Pudkewitsch und ich. In demselben Jahre, im Jahre 1974, heiratete ich Viktor Kriwulin, den christlichen Dichter, der ebenfalls erst vor kurzem zu Christus gekommen war, einen in den breitesten Kreisen der Leningrader Intelligenz ungewöhnlich populären Menschen.

In unserem Hause sammelten sich junge Schriftsteller, Künstler, Philosophen. Freitags kamen oft so viele, wie man sie in den intellektuellen Kreisen von Leningrad nirgends anzutreffen vermag. Sie füllten alle drei Zimmer dieser Souterrain-Wohnung. Man saß auf dem Fensterbrett, auf dem Boden, stand im Flur, man hörte Referate. Worüber sprachen wir damals, am Anfang? Über die Väter der Kirche, über die Geschichte der frühen Kirche, wir lasen und kommentierten Basilius den Großen, Gregor von Nyssa und Gregor von Nazianz, Tertullian, Origenes, Athanasius den Großen.

Die heiligen Väter kamen uns wie unsere Zeitgenossen vor, als lebten sie irgendwo in der Nähe, hier, nebenan. Damals entschlossen wir uns noch nicht, selbst schöpferisch zu arbeiten; wir gaben unser Unvorbereitetsein zu, unsere Unreife und die mangelnde Kompetenz, bereuten unsere vergangenen Sünden, und wie vor der Pest fürchteten wir uns, in die frühere Selbstherrlichkeit und Eitelkeit hineinzurutschen, und fühlten uns doch von neuem geboren, beglückt, bereit zur Tat. Wir fühlten uns mit den ersten Christen innig verbunden.

»Das Licht der illegalen Kultur ist das apostolische Licht . . .« schrieb der Dichter Kriwulin.

Einen Kummer hatten wir doch – wir hatten keinen Geistlichen. Wir gingen in die Kirche, der eine oft, der andere selten, manche von uns sangen sogar im Kirchenchor mit, aber die Priester fürchteten uns.

Einer von ihnen, der Priester der Vorortskirche, in der wir sangen, bat uns, nicht mehr zu ihm zu kommen, weil er eine große Familie habe und, wenn man ihn entlasse, die Kinder vor Hunger sterben müßten.

Endlich, nach zweijähriger Arbeit des Seminars, gab uns Gott einen Geistlichen. Und was für einen! Er machte aus uns, der selbstbewußten und undisziplinierten Bohème, Menschen der Kirche. Er hatte eine große Gabe: das Idealbild des einzelnen Menschen, sozusagen den göttlichen Entwurf, zu sehen, sein existentielles »Projekt«, wie die Existentialisten sagen; und eine noch viel größere Gabe hatte er, nämlich die Fähigkeit, unablässig, liebevoll und weise den Menschen nach diesem Entwurf herauszuarbeiten – wie ein Bildhauer die Skulptur nach dem Modell aus der amorphen Masse des Steins herausarbeitet.

In jedem von uns sah er das Ebenbild Gottes und forderte, daß wir dieser hohen Prädestination gerecht würden, verlangte, daß wir »aus der Kraft in die Kraft« wachsen.

Unser Geistlicher vertraute Gott völlig. Er verbat fast niemals etwas, obwohl er es aufgrund seiner Autorität hätte tun können. Das Verbot war nur ein allerletztes Mittel.

Die Atmosphäre selbst wirkte vor allem, geschaffen durch den Priester. Es war nicht so wesentlich, daß man die moralischen Gebote nicht verletzte. Etwas ganz anderes war es: die Schöpfung neuer Realität, Kühnheit, das »Maximum« in allem.

Es war einfach beschämend zu sündigen. Die Sünde hörte auf, irgend etwas Verlockendes zu sein. Sie schien nunmehr niedrig, nichtig, dumm.

Der Umgang mit dem Priester und mit dem Starzen in den Klöstern war für mich eine Offenbarung von Freiheit. Ich erinnere mich keiner Begebenheit, in der ich, und wäre es nur eine Sekunde gewesen, mich verletzt oder auch nur unverstanden gefühlt hätte. Doch jedesmal, auch wenn ich eine strenge Belehrung einstecken mußte, fühlte ich die große tröstliche Kraft ihrer Worte.

Wie viele Male verschwanden alle meine Probleme beim bloßen Anblick des Geistlichen oder bei der Erinnerung an ihn, und wie oft staunte ich über die Unvermutetheit und Richtigkeit seiner Urteile.

Alles in unserer Kirche war überraschend, unerwartet bis zum Wunderbaren. Und deshalb sangen wir so gern den Prokimen: »Du bist der Gott, der Wunder tut.«

Wir gingen durch die Straßen und sangen halblaut. Entgegen eilten uns mürrische und besorgte Gesichter, aber auch durch diese erstrahlte uns ein Licht, das von der Welt nicht erkannt werden konnte. Unser Geistlicher segnete mich vor meiner Abreise in den Westen. Ich stand vor der Wahl: Emigration oder Gefängnis. Wie kein anderer erkannte der Priester die Wichtigkeit der christlichen Aufklärung in unseren Tagen: »Es bringt nichts, Jahre im Gefängnis abzusitzen; unter die Märtyrer paßt du nicht. Fahre und lerne« – und diesen seinen Segen versuchte ich nun in dieser seltsamen westlichen Freiheit zu verwirklichen.

Der gute Hirt gibt sein Leben für die Schafe. Von den Priestern, die die Ausmaße der jetzt in Rußland sich abzeichnenden Ereignisse verstehen, die bereit sind, den Weg echter Geistlichkeit, nämlich des Märtyriums, anzutreten, gibt es bei uns ohnehin nicht mehr viele. Vielleicht so fünf in Leningrad und ein paar mehr in Moskau.

Aber diese ziehen alle Blicke auf sich, über sie spricht man überall in Rußland. Wir lieben sie und vertrauen ihnen wie Göttern (anders vermag ich mich nicht auszudrücken). Und deswegen bedeutet für uns die Verleugnung des Vaters Dimitrij Dudko solch eine Tragödie, solch einen Alpdruck.

Unser Geistlicher hielt keine politischen Predigten, berührte auch die sozialen Themen nicht direkt, sprach jedoch immer von dem Wichtigsten und Aktuellsten: über die Buße, darüber, wie notwendig es ist, »das Licht der Welt« zu sein, über die Kirche. Aber gerade solcher Worte bedurften wir. Das Wichtigste war, das Reich Gottes zu finden, alle anderen Probleme konnte man verarbeiten, man konnte sie »anpacken«, »je nach Bedarf«. Trunksucht, Zerfall der Familie, Abtreibung, das waren Themen, auf die wir dann auf den Seiten unseres Frauenjournals eingegangen sind, und wir versuchten, sie selbst zu durchdenken, ohne von unserem Priester direkt eine Predigt darüber zu erbitten. Solch eine Predigt hätte ihn seiner Möglichkeit, am Altar zu stehen, bei uns zu sein, uns mit dem unentbehrlichsten und tiefen Wort zu versorgen, beraubt – dem Wort aus dem Geist Gottes.

Unsere weltliche Aufgabe bestand zum wesentlichen Teil

im Journal und in der Seminararbeit. Es bildete sich ein gewisser aktiver Kern heraus, zu dem Galja Grigorijewa, Schenja Pazuchin, Viktor Kriwulin, ich und noch andere gehörten, die ich vorläufig nicht nennen darf.

Nach zwei Jahren der demütigen, lernenden Beschäftigung mit der Geschichte der Kirche entschlossen wir uns, die Erörterung auch aktueller Fragen anzugehen. Wir boten Themen an wie: »Das Christentum und die Kultur«, »Das Christentum und die Sittlichkeit«, »Der heutige Christ«, »Das Christentum und die nationale Frage« und andere. Das wichtigste Thema war »Christentum und Kultur«, da ja alle, die das Seminar besuchten, so oder anders schöpferisch tätig waren. Wir alle wollten so leben, daß jeder Atemzug unseres Lebens Gott geweiht war. Aber wie schwer war es, diese guten Vorsätze konkret zu verwirklichen! Es ist schwer für einen Reichen, in das Himmelreich zu kommen. Und die Intelligenz ist ja gerade an dem reich, was man am schwersten von allem aufgibt: reich an Talenten, an Wissen und Fähigkeiten.

Das Joch und die Last Christi konnten sich vielen als Schranke für das Werk und die Freiheit darstellen. Das Asketentum, die Bedürfnislosigkeit, der durch Christus verkündete Weg des Kreuzes widersprachen unverkennbar auf den ersten Blick dem schöpferischen Flug, der Kühnheit, als wollten sie uns die soeben erst von Gott geschenkte Freiheit wieder rauben.

Was wir vom Kreuz wußten, war in vieler Hinsicht falsch; man glaubte, dieses Kreuz schränke die Freiheit ein. Nur langsam gelang es und wirklich nur wenigen, zur Wahrheit über das Kreuz als dem hohen Sinn des Lebens und des Todes zu finden.

Wir haben versucht, das Christentum zu erneuern und zu verbreiten. Dabei versuchten wir das »Kreuz« zu umgehen, aber zugleich damit die Notwendigkeit der Buße, der

Läuterung. Wir dachten uns ein neues Christentum aus, nannten uns »die Neochristen« – aber es kam dabei nur zu einer verspäteten Neuauflage der Theorien über das dritte Testament, die bei uns in Rußland Anfang des Jahrhunderts hochmodern waren.

Diese Theorien liefen auf folgendes hinaus: Es gibt zwei Testamente, das Alte und das Neue, beide sind Testamente der Sühne und des Gehorsams. Nun wurde es Zeit, ein neues, das dritte Testament, zu schaffen, das Testament der Freiheit und des schöpferischen Werkes. Wir sagten: Fasten, Buße – das ist etwas für alte Frauen. Wir sind schöpferische Menschen und somit Gott, dem Schöpfer, auch ohne solche Übungen näher.

Es gab Künstler und Dichter, die sich von ihrer Theorie der Genialität nicht zu trennen vermochten. Ihnen verdunkelte das Heilige im Christentum den Genius und umgekehrt. Als Künstler setzte er sich an die Stelle des Propheten; er verstand sich als auserwähltes Gefäß, in das sich die Gnade Gottes ergoß. So machte er sich zum Mittler zwischen Gott und Welt. Das Christentum goß diesen Leuten nur Öl ins Feuer, es brachte den ursprünglichen, demiurgischen, grenzenlosen Hochmut zur vollen Entfaltung. Indem solch ein Dichter oder Maler Christ wurde, erklärte er gewöhnlich: »Das schöpferische Werk, das ist mein Gebet.« Sein Werk wurde zu seinem Gebet, zu seinem Evangelium und zu seinem Gott.

Aber diese infantile Sucht nach Genialität fiel normalerweise von dem Menschen in dem Maße ab, wie er sich in die Kirche einfügte. Die Kirche war für uns alle die Heilanstalt, in der wir von unserem Gespaltensein, von unserer Krankheit, geheilt wurden, wo wir zu Realisten im höchsten und besten Sinne dieses Wortes wurden.

Zu unserem Seminar kamen alle: die, die schon fest glaubten, und die, die noch zweifelten, und sogar Atheisten. Wir schleppten niemanden heran, versuchten nicht, zu überzeugen, zu unserem Glauben zu bekehren. Wir haben sehr gut gefühlt, daß die Zeit für uns arbeitete. Und tatsächlich, nach fünf Jahren Seminararbeit wurden die, die Agnostiker waren, Christen, und es gab fast keine Atheisten mehr. Zu uns kamen nicht nur Orthodoxe. Es waren auch Katholiken unter ihnen.

Wir luden auch Baptisten ein. Eine besondere Freundschaft verband unser Seminar mit den baptistischen »Initiativniki«, einer besonders verfolgten Gruppe der Baptisten. Diese lehnten es ab, ihre Gemeinde registrieren zu lassen, sie unterrichteten weiter die Kinder im Worte Gottes, und für all dies wurden sie hart verfolgt. Uns begeisterte ihre Kompromißlosigkeit, ihre Unbeugsamkeit, die Bereitschaft, das Märtyrium anzunehmen und den Weg des Kreuzes bis zum Ende zu gehen. Die Staatsmacht begegnete diesen Baptisten mit besonderer Härte. Viele von ihnen bekamen riesige Haftstrafen und starben im Gefängnis.

Nun fühlte sich in erster Linie das einfache Volk zu den Baptisten hingezogen, da ihr Gottesdienst sehr schlicht war, was wiederum die Intelligenz davon abhielt; uns stieß auch die Enge der baptistischen Predigten, ihr geradliniger Moralismus ab, und daß alle mystischen Momente darin fehlten.

Und doch waren wir immer wieder überrascht, mit welcher Kraft und Überzeugung diese einfachen Menschen in unseren Seminaren auftraten, wie sie sich in der für sie ungewohnten halbbohèmhaften Atmosphäre nicht verwirren ließen, wie sie es schafften, uns unsere Sünden und Schwächen zu verzeihen – es hat sie doch sicher vieles geschockt: so die Gewagtheit mancher Meinungen und all unser Äußeres, auch, daß manche von uns rauchten, und unsere Lobpreisung der Klöster, Ikonen und Starzen.

Aber das, was uns zusammenfügte, war stärker als psychologische, soziale und andere Gegensätze. Wir fanden einander in dieser teuflischen, liebelosen Welt, wir gingen aufeinander zu auf den Plätzen, auf den Straßen, wir waren ja Kinder des einen Vaters und gehörten einer Partei an: der Partei der Nichtbeteiligten, der Partei der Gejagten, Weinenden, der gierig nach Wahrheit Verlangenden.

Selbstverständlich gab es keine Reklame für unser Seminar. Wir haben jedoch auch nicht verheimlicht, daß wir zusammenkamen, es wäre ja auch unmöglich gewesen, solche geräuschvollen, der ganzen Stadt weithin bekannten Zusammenkünfte zu verheimlichen. Unser Haus und sogar unsere Kurljandskaja-Straße waren durch die Wagen des KGB umzingelt. Es versteht sich von selbst, daß bei jeder Zusammenkunft auch »die Glucken« anwesend waren, aber das hat uns nur wenig beunruhigt, wir hatten uns damit abgefunden.

Die einzige Möglichkeit, unter diesen Bedingungen der ständigen und allgegenwärtigen Beobachtung überhaupt etwas Nützliches zu tun, war, *sie* nicht zu bemerken, nicht seine Energie an sie zu verschwenden, keine Ängste aufkommen zu lassen, sondern in einer neuen, für sie unerreichbaren Dimension zu leben: »Wohl dem Mann, der nicht dem Rat der Frevler folgt.«

Jedesmal, wenn man mich zum KGB brachte, stellte ich fest, daß ihren Leuten vieles bekannt war. Wegen der Veranstaltung und des Besuchs des Seminars vertrieb man uns aus den Instituten, es gab auch verschiedene andere Unannehmlichkeiten; aber die Menschen, die fest an Gott glaubten, klammerten sich nur noch wenig an die Annehmlichkeiten, die man ihnen nehmen konnte; sie waren irgendwie für alles bereit.

Es war anfangs sehr schwer, die richtige Linie im Verhalten dem KGB gegenüber zu finden. Die Mehrheit von denen, die man dort verhört, versucht anfangs zu täuschen, man denkt sich irgend etwas aus, erdichtet. Aber der Teufel ist in Sachen Verschlagenheit immer gescheiter als wir Menschen, und daher nimmt jeder Dialog mit ihm eine bestimmte Wendung an, nämlich die zum Spiel mit dem immer gleichen Ende: Sie erfahren auf einem listigen Wege mit Hilfe der schon lange und sorgfältig ausgearbeiteten Methoden das, was sie brauchen, und man selbst steht schließlich als Verräter da.

Meine Bekanntschaft mit dem KGB fing gleich nach der Beendigung der Universität an. Ich fuhr zum Internationalen Philosophischen Kongress nach Moskau.

Da ich aus unserer Leningrader Delegation anscheinend die einzige war, die deutsch sprach, bekam ich sehr schnell Kontakte zu den deutschen Studenten aus Westdeutschland. Vor allem verblüffte mich deren niedriges kulturelles Niveau: Ein Student aus Marburg hatte noch nie im Leben etwas von der Existenz der Marburger Philosophenschule (H. Cohen, Fr.A. Lange, P. Natorp) gehört; dafür setzte er alles daran, mich über irgendeine gewerkschaftliche Bewegung zu informieren.

Aber das Bedrückende war, daß alle Studenten Marxisten waren, und was für welche! Vollkommen zügellose, laute, besessene. Und ich hatte geglaubt, endlich echte »deutsche« Philosophen zu Gesicht zu bekommen! Sie zitierten mir Lenin, und von Heidegger sagte doch eine von diesen Studenten, daß er eine »Leiche« sei.

Es muß gesagt werden, daß sowohl ich als auch meine Leningrader Freunde die jungen Deutschen nicht weniger enttäuscht haben als sie uns. Sie waren mit dem Wunsch gekommen, mit echten Komsomolzen und reifen Marxisten bekannt zu werden, und begegneten nun Anhängern der in ihren Augen fad-kleinbürgerlichen, in den letzten Zügen liegenden Philosophie.

Und noch schlimmer wurde es, als die Sprache auf Solschenizyn kam und ich unsere allgemeine Verehrung für diesen Menschen zum Ausdruck brachte. Sie schwiegen irgendwie düster, und an allen weiteren Tagen versuchten sie uns zu meiden.

Damals dachte ich, daß, selbst wenn diese jungen und in allem ja so lebendigen Menschen sogar Marxisten sind, sie doch anders seien, unseren nicht ähnlich – Marxisten aus Mißverständnis, Unwissenheit, Marxisten-Idealisten.

Aber die Wirklichkeit zerstörte meine Illusionen von den »aufrichtigen« Marxisten.

Die jungen Leute aus Frankfurt zeigten sich genauso weit entfernt vom Idealismus wie unsere vaterländischen Ideologen. Ich überzeugte mich davon, als ich aus Moskau zurück nach Leningrad kam und man mich von der Straße weg verhaftete.

Damals habe ich zum ersten Mal die Bekanntschaft mit dieser allgegenwärtigen und geheimnisvollen Organisation, dem KGB, gemacht. Die Frankfurter Linken hatten mich denunziert, und in der Anzeige machten sie mich zur Spionin, gekauft von einflußreichen Kapitalisten – da ich doch Solschenizyn lobte!

Und so saß ich vor einem nicht mehr ganz jungen Untersuchungsrichter des KGB, Jewgenij Petrowitsch, wie er sich freundlich vorstellte, und es verblüffte mich, mit welcher väterlichen, weisen und ein wenig müden Intonation er mit mir sprach. Er wußte alles – als würde er sich weit zurück an irgendwelche noch so unwichtigen Ereignisse meines Lebens erinnern (später habe ich begriffen, daß sie wenig wissen, aber wegen der »Mystik« machen sie einem das Gegenteil vor), warf mir Leichtsinn darin vor, daß ich nicht mit denen und jenen befreundet war, und diese und jene Bücher nicht las. Er sprach von verschiedenen Bekannten. Ich versuchte, die abstraktesten und begeistertsten Charakteristiken abzugeben, rechtfertigte mich, wurde unterwürfig und trieb ein falsches Spiel.

Irgendwie wollte ich auch meine Dankbarkeit ausdrücken dafür, daß er so »gut« zu mir war. Das Gespräch zog sich bis in den frühen Abend hin. Dann ließ man mich gehen, und im Zustand äußerster Erregung fing ich an, darüber nachzudenken, was passiert war.

Brennende Scham bedeckte meine Wangen: Ich begriff, daß ich über so manches gesprochen hatte, über das ich hätte schweigen müssen. Damals hatte ich aber noch keine Kontakte zu den Dissidenten, nicht einmal zu den freien Künstlern, zu niemandem. So hatte mich auch niemand warnen oder auch für solche Gespräche vorbereiten können.

Ich hatte mich bemüht, nur die Sachen über meine Freunde von der Philosophischen zu erzählen, die, wie mir schien, ungefährlich waren. Mit Entsetzen aber stellte ich im nachhinein fest, daß die Mehrzahl aller Fragen keine direkten, sondern indirekte Fragen waren. So fragte man mich, wo N.J. lebe, und ich habe es, voraussetzend, daß dies dem KGB ohnehin bekannt sei, gesagt. Der Untersuchungsrichter wollte aber nur den Grad meiner Freundschaft zu N.J. und meine vorhandenen Kenntnisse über sein Leben klären. Und so ging es immer. Man spielte mit mir und manipulierte mich. Ich »spaltete« mich.

Diese eine Begegnung reichte aus, um mir für das ganze Leben die einzig mögliche Taktik im Verhalten dem KGB gegenüber anzueignen: die Weigerung, sich auf ein beliebiges Gespräch mit ihnen einzulassen.

Und als man mich später, in der Periode meiner stürmischen gesellschaftlichen Tätigkeit, mit Gewalt hinter die bekannten Mauern brachte, verweigerte ich die Aussage; ich weigerte mich, »auf den Rat der Frevler einzugehen«.

Soviel sich die KGB-Leute später auch überschlugen, welche psychologischen Mittel auch immer sie anwendeten

(Austausch eines guten Untersuchungsrichters gegen einen groben, Erpressung, Einschüchterung, Verbringen in verschiedene andere Räume usw.), ich versuchte, sie gar nicht zur Kenntnis zu nehmen. Ich betete still für mich und verscheuchte hartnäckige Belästigungen der Untersuchungsrichter auf die gleiche Art, wie die heiligen Väter uns empfehlen, die Teufel zu verjagen: Ich habe sie ganz einfach nicht beachtet und glaubte ihnen nichts. Und somit stimmte in meinem Bewußtsein die Definition des asketischen klaren Gleichmuts der Gedanken überein mit dem weisen Rat von Solschenizyn darüber, wie man sich beim KGB benehmen solle: »Glaube nichts, fürchte dich nicht, bitte nicht.«

Und noch eine frappierende Ähnlichkeit der Arbeiter dieser Organisation mit den Teufeln stach ins Auge: Wie geschickt sie jede menschliche Schwäche ausnützen, welch wahrhaft satanischen Spürsinn sie für das Böse entwickeln. Es gibt sie auch jetzt noch, die sich vor allem der niedrigsten menschlichen Gefühle bedienen: der Angst, des Mißtrauens, des Neids.

Sie streben danach, jede neue und lebendige Erscheinung vor allem von innen zu zerlegen: gegeneinander aufzuhetzen, Gerüchte in Umlauf zu bringen, für Klatsch zu sorgen.

Unser Seminar versuchten sie zum Beispiel so zu zerstören: Über Vater Lew Konin, den Mitarbeiter am Seminar, verbreiteten sie, daß er »homosexuell« sei, und ergingen sich dabei in scheußlichen Einzelheiten; und mich beschrieb man als »Hure«.

Sie ließen die Baptisten kommen und erklärten ihnen lang und breit, daß es zu ihnen, zu den reifen und ernsthaften Menschen, einfach nicht passe, die Versammlungen dieser Intellektuellen zu besuchen.

Doch was half's: Gegenüber dieser Front verbanden sich scheinbar unvereinbare Kräfte: einfache, zum Teil ungebildete, aber Gott zutiefst ergebene Baptisten und die Dissidenten-Intelligenz, Neubekehrte, bei denen sich der ungebeugte Stolz mit der kindlichen Freude über die Entdeckung des Glaubens mischte. An der Wucht der Verleumdungen, tätlicher und ideologischer Angriffe merkten wir, daß der KGB durch unsere Verbindung mit den Baptisten sehr beunruhigt war.

Hier verbanden sich verschiedene soziale Formen des Engagements, verschiedene Erfahrungen, verschiedene Arten des Kampfes, eines Kampfes aber gegen dasselbe Übel: den Satan und seine Helfershelfer. Wir liebten den Einen lebendigen Gott. Alle anderen Fragen regelten sich unter dem Zeichen dieser tiefen, in Qualen gewachsenen Liebe.

Wir hatten inzwischen mit Seminaren über Fragen des Glaubens und der Lebensgestaltung begonnen. Diese Seminare waren weit offen für die Aufnahme anders denkender Menschen, Kulturen, Konfessionen. Diese Weite hatte ihren Ursprung in dem unendlichen Vertrauen zu Gott und Seiner Schöpfung. Wir hatten keine Angst, daß, wenn wir die Baptisten einluden und ihnen zuhörten, wir zu Ketzern würden. (Unser kirchliches, über die anderen Konfessionen schlecht aufgeklärtes Volk zählt die Baptisten nicht einmal zu den Ketzern, sondern direkt zu den »Satanischen«!) Wir hatten keine Angst vor dem Zusammentreffen mit den »anderen«; unsere Erfahrung sagte uns klar, daß wir nichts zu fürchten haben, weil keiner und nichts uns von der Liebe Gottes trennen kann.

Aber dieser Weite, der Liebe, die sich für die Aufnahme aller weit geöffnet hatte, lag die eine Wahrheit zugrunde, die auf den ersten Blick der Toleranz widersprechen konnte: die Evangelien-Wahrheit von der engen Pforte.

Die Grundlage der neuen orthodoxen Kultur ist der schmale Weg des Kreuzes. Nur das Kreuz, nur Buße und Demut können die Basis schöpferischer Eingebung sein. Sie sind die Prüfsteine für die Echtheit des schöpferischen Projektes, die Verwurzelung der Kultur im Kult. Kreuz und Buße lenken die Kultur vom Spiel der Möglichkeiten ab und ermöglichen ihr, in ein Gebiet der vollkommenen Schutzlosigkeit vor Gott einzutreten. Die neue christliche Kunst entdeckt für sich die reinen Sinne, tiefe, ewige Wahrheiten. Darum muß sie unter das Kreuz und schutzlos werden.

In dieser Kunst gibt es keine stilisierten gewohnten Formen. Diese Formen, wie auch alle Trägheit und jede Gewöhnung, trennen doch nur von Gott, vom Sein!

In ihr, dieser neuen Kultur, ist alles neu. Alles ist erfleht und geheiligt durch den Segen des Heiligen Geistes.

Was aber passierte mit russischen Künstlern und Dichtern? Sie wuchsen durch den Geist. Ein neuer Mensch schälte sich aus den altersschwach verbrauchten Menschen heraus. Dies passierte erfahrbar, wahrnehmbar, die ganze Persönlichkeit erfassend – wahrhaftig, sie waren völlig neu.

Nachdem ich ein Jahr im Westen lebte, stellte ich mit Traurigkeit fest, daß das Wort »Geist« hier nicht mehr viel gilt. Man spricht es kaum noch aus. Es ist offensichtlich, daß die Verbindung mit dieser lebendigen geistigen Erfahrung verwischt ist. Auch hier ist nun der Geist durch den »Intellekt« ersetzt worden – man braucht ihn nicht mehr.

Ich treffe hier Christen, für die eine »geistige« Persönlichkeit vor allem eine harmonische Persönlichkeit bedeutet; das Geistige verstehen sie vor allem als Gleichgewicht von Geist, Seele und Leib.

Bis zu unserer Bekehrung haben wir genauso gedacht und uns zu den »geistigen« Menschen gezählt, denn auch die Atheisten bei uns legen Wert darauf, daß man von ihrer »Geistigkeit« Notiz nimmt.

Wir drückten noch die Schulbank, als wir uns für die humanistische Idee einer »harmonisch entwickelten Persönlichkeit« begeistern ließen, in der alles ideal aufeinander abgestimmt sein mußte. Wir suchten die Weiten und wollten sie in uns vereinen. In der Praxis aber verwandelte sich diese Utopie aus dem 16. Jahrhundert in einen zum Teil giftigen, zum Teil faden Ästhetizismus und in unverantwortliche Zweideutigkeit. Was »Geist« bedeutet, haben wir nur durch die Bekehrung erfahren, als wir nicht einfach mit irgendeinem Gott in Berührung kamen, sondern mit dem Heiligen Geist. Es wurde deutlich, daß der breite Weg der Weg des Untergangs ist, daß aber zum ewigen Leben lediglich ein schmales Tor führt.

Gebet, Buße und Fasten halfen uns, den inneren Menschen aufzudecken, den wir weder durch psychologische Erlebnisse, noch durch Emotionen, noch durch subjektiven Willen erklären oder gar entwickeln konnten.

Das war der verborgene Mensch des Herzens, kostbar vor Gott, wie Petrus schreibt (1. Petr. 3,4). Und gerade er ist die Basis der neuen orthodoxen Anthropologie geworden.

V. Die Frau in der Kirche

Im Sommer des Jahres 1979 besuchte ich kurz meine Bekannte, die Dichterin Tatiana Mamonowa. Tatiana sagte mir, daß sie eine Zeitschrift herausgeben wolle, eine Frauenzeitschrift, genauer noch, eine feministische Zeitschrift.

Sie beabsichtigte, zu emigrieren und diese Zeitschrift im Westen herauszubringen.

»Feminismus« ist eine Erscheinung, über die wir in Rußland lediglich vom Hörensagen wußten. Und über das, was wir hörten, mußten wir unwillkürlich lächeln. Die allgemeine Reaktion hier hätte man mit einem Satz ausdrücken können: Die sticht der Hafer. Am Horizont unserer Intelligenz erschienen regelmäßig die westlichen Studentinnen-Feministinnen. Ich erinnere mich an einige Vorfälle: Eine von ihnen machte Theater, als ihr ein Mann in den Mantel helfen wollte, eine andere beobachtete eifrig, wer von uns, mein Mann oder ich, in der Küche das Geschirr spülte.

Aber nicht nur diese lächerlichen Kleinigkeiten lagen der allgemeinen Geringschätzung des Feminismus zugrunde. Die Frauen-»Emanzipation« war in Rußland in Verruf gebracht worden durch die »demokratische« Idee.

Wir alle pflegten über die armseligen und faden Projekte von Tschernyschewskij in seinem berühmten Roman »Was tun« nur zu lachen. Die Frauenfrage war geschichtlich mit dem Marxismus verbunden, aber der Marxismus konnte keinen mehr anlocken. Schon auf der Schulbank riefen seine Wahrheiten ein Gähnen und eine gewisse Gereiztheit hervor. Folglich war die Frauenfrage von allen Seiten »tabuisiert«, nicht nur aus Angst vor der Staatsgewalt und den Straforganen, sondern aus der tieferen Angst heraus, sich lächerlich zu machen.

Tatiana Mamonowa nun, Feministin dem Wesen nach und aus Berufung, war im Laufe von zehn Jahren in unseren Leningrader anspruchsvoll-snobistischen Kreisen absolut vereinsamt.

Vor einigen Jahren einmal hatte sie versucht, die Dichterin Julia Woznesenskaja für die Herausgabe einer Frauenzeitschrift zu gewinnen, aber Julia verhielt sich diesem Vorschlag gegenüber gleichgültig. Später jedoch, nachdem sie durch die Schrecken des Frauenlagers hindurchgegangen war, erkannte sie, daß es so etwas wie ein »Frauen-Spezifikum« gibt, und schloß sich der entstandenen Frauenbewegung an.

Und nun sprach an diesem Augusttag des Jahres 1979 Tatiana Mamonowa erneut über die Frauenzeitschrift. Ich habe aufmerksam zugehört. Und plötzlich wußte ich, daß eine Frauenzeitschrift wirklich unentbehrlich war. Aber nicht noch ein feministisches Magazin irgendwo in Paris, sondern unsere russische Frauenzeitschrift. Ein Journal, das zum ersten Mal die Belange der russischen Frau ansprechen würde, ihren Schmerz, ihre Erfahrung, ihre Leiden. Aber nicht nur davon sollte sie sprechen. Die Frau hat in diesen dreiundsechzig Jahren unseres menschenmordenden Systems mehr ertragen müssen und können. Sie ist ein geschmeidigeres und elastischeres Material. Über ihre Weisheit und Geduld, davon, daß heute von der Frau Familie und Arbeit abhängen, gewissermaßen sogar auch unsere Kirche, darüber, daß die Frau die Trägerin des Lebens und Teilhaberin an der Auferstehung ist, von all dem wollte ich gern in der neuen Zeitschrift erzählen.

Es war erforderlich, ein Bild von der neuen russischen Frau zu entwerfen, die die »Emanzipation« überwunden hatte und hinter sich ließ und die aufgrund ihrer bitteren Erfahrungen wußte, was eine »Befreiung« ohne Gott bedeutete.

Es kann sein, daß sich noch eine nebensächliche Idee in meinem Kopf regte: Schon lange erschien mir unser Leningrader Samisdat elitenhaft, sogar snobistisch, wobei ich zugeben muß, daß es schwer ist, von Snobismus bei diesen schwierigen, angespannten Bedingungen, unter denen wir ständig arbeiteten, zu sprechen. Ich wünschte einen größeren Rahmen, mehr Fülle, ich wollte von den kultur-religiösen Problemen aus in die sozialen und politischen Bereiche, in die unseres Alltags hinein schreiben. Die Frauenproblematik konnte das Kernstück werden, um das sich herum die verschiedensten Themen gruppierten und alle möglichen Betrachtungsweisen der Existenz aufgenommen werden konnten, von den differenziertesten bis zu den einfachsten. Frau und »Frauen-«, ganz konkret, das ist sowohl Sein und Lebensweise als auch das Leben und das Am-Leben-Bleiben.

Ich schlug Tatiana vor, doch mit der Herausgabe des Journals hier in Rußland anzufangen. Aufgeregt überlegten wir, wen wir noch zur Mitarbeit einladen, welches Material wir für die erste Nummer auswählen sollten.

Gleich am nächsten Tag fuhr ich zu Natalia Malachowskaja, meiner alten Freundin und Mitarbeiterin am Journal »37«, unserer Samisdat-Zeitschrift, um sie für die Idee des Frauenjournals zu erwärmen. Ich erinnere mich, wie ihre Augen glänzten, als ich das Gespräch auf die Zeitschrift brachte. Als ob sich die Idee der Frauenzeitschrift vom Himmel zu uns herabgesenkt hätte, so entschieden sich an ihr manche früher nicht zu lösenden Fragen von selbst.

Die Themen Frauen, Liebe, Erziehung waren schon immer die Themen von Natalia. Und damit konnte sie nirgends hingehen, keine einzige offizielle Zeitschrift hätte abgedruckt, was sie schrieb, man druckte sie auch nicht im Samisdat.

Sehr bald erfuhren auch andere von der Zeitschrift. Uns

schlossen sich die Frauen an, die ohnehin schon zu uns gehörten: die Dichterin Julia Woznesenskaja, die Schriftstellerin Sofia Sokolowa, die Psychologin Galina Grigorjewa. Schon nach einem Jahr kamen neue: die Philosophin Tatiana Beljajewa, die Dichterin Eugenia Romanowa, die Regisseurin und Künstlerin Natalia Lazarewa, die Schriftstellerin Natalia Saweljewa, die Philosophin Alla Sariban, die Schriftstellerin Lena Schanygina, die Musikerin Irina Dschasan. Das sind die Namen der alleraktivsten. Zudem auch Namen, die man nennen darf.

Unsere Bewegung, die so plötzlich ausbrach, war nun Mittelpunkt aller Leningrader Gespräche.

Unterschiedlich reagierten die Leningrader Männer: Manche fühlten sich dadurch beleidigt, daß man sie beiseite ließ; andere waren gekränkt – »ja, wozu denn plötzlich ein Frauen-Journal, die Probleme sind doch bei uns allgemein?«

Viele haben sich einfach lustig gemacht. »Solange Frauen nicht anfangen zu sprechen, passiert in Rußland nichts«, schrieb der Redakteur einer der Samisdat-Zeitschriften. Ein aus dem Gefängnis entlassener Künstler-Dissident meinte: »Ich bin in Leningrad außer den Frauen keinem einzigen Mann begegnet.«

Ja, wirklich, in Rußland zeigte sich ein Typ der neuen Frau; einer emanzipierten, befreiten Frau, und das sowohl im schlechten als auch im guten Sinne des Wortes.

Von der Schulbank weg ist die Frau in der Sowjetunion ein »Genosse« und »Freund« des Mannes. Sie existiert einfach nicht als ein unabhängiges Wesen; sie ist »frei«, wie eben jeder »frei« ist, der in einem Lande lebt, »wo so frei atmet der Mensch« (Worte eines sowjetischen Liedes) – nämlich überhaupt nicht.

Ich entsinne mich eines Gesprächs mit einer Freundin, als ich Kind war:

»Möchtest du gerne als Mann geboren sein?«

»Nein, aber warum denn auch«, sagte die Freundin. »Eine Frau kann doch all das, was ein Mann kann. Und sie besitzt dazu noch die Schönheit und Geschmeidigkeit, die den Männern so oft fehlt.«

Die meisten Frauen bei uns wollen lernen, und Frauen mit höherer Bildung gelten im Lande sogar mehr als Männer. Frauen müssen, ob sie es wollen oder nicht, genauso viel arbeiten wie die Männer, da man die Familie mit dem Lohn des Mannes allein nicht durchfüttern kann. Zu der Berufstätigkeit kommt für die Frauen wie zu allen früheren Zeiten die mühsamste aller Arbeiten hinzu, nämlich die Hausarbeit, die sie bei unserem niedrigen Lebensstandard bis zum Äußersten erschöpft. Jede beliebige andere Arbeit scheint ihnen dann neben der Hausarbeit eine »Erholung« zu sein.

Mit einem Wort, es hat sich bei uns ein gewisses notgedrungenes freudloses Matriarchat herausgebildet. Tatsächlich, die Frau hat sich emanzipiert, das heißt, sie brachte sich doppelt so stark wie der sowjetische Mann in völlige Abhängigkeit. Und am meisten von allen sind die Seelen derer unterjocht und zerbrochen, die in unserem Staat die »Prestige«-Stellen einnehmen, Ämter, in denen sowohl die Frauen als auch die Männer manipuliert werden und ihrerseits andere manipulieren müssen.

Das ist unsere Version von »Freiheit«: Macht auf Kosten anderer, deren Leiden und Knechtschaft einen nichts angehen. Willst du Erfolg haben, so verliere dein Gewissen, vergiß, daß du ein Herz hast, daß du überhaupt ein Mensch bist, und geh über Leichen.

Wir erleben sie bei uns, Frauen, wie man ihnen in keinem anderen Land begegnet, Über-Frauen, satanisch unbarmherzig, grob, die alles Lebendige in sich ersticken und alles Leben um sich herum töten.

Sie ähneln Monstern, all die Aufseherinnen in den Gefängnissen, Psychiaterinnen, deren Experimente mit Kranken durch ihre Grausamkeit die Verbrechen der faschistischen Ärzte übertreffen, Frauen-Richterinnen mit stählernen, überirdisch-unheilverkündenden Stimmen, die ohne Zögern unschuldige Menschen zum Tode in einem Lager verurteilen. Allein die Frauen in der Administration, verschiedenerlei Sekretärinnen: zu ihnen mit irgendeiner beliebigen Bitte zu kommen, bedeutet, zur Folter zu gehen. Sie putzen einen herunter, überschütten einen mit einer Welle von Haß und Gereiztheit.

Vor uns steht also der Typ einer emanzipierten sowjetischen Hexe, die einer noch weit unerklärbareren, noch weit unmenschlicheren Grausamkeit fähig ist als ihre männlichen Kollegen.

An der Abstößigkeit dieser Frauen ist das System lediglich zum Teil schuld; der Mensch sucht sich unter beliebigen Umständen seinen Weg selbst aus.

Aber was machte man mit denen, die den Wunsch nicht verspürten, ihre Seele zu verlieren, nur um Macht über Welt und Menschen zu gewinnen?

Was passierte mit den Frauen, die diesen hohen Preis nicht zu zahlen bereit waren?

Es gab noch eine zweite Variation von Emanzipation, nicht weniger negativ-dämonisch als die erste, aber doch schon ganz anders. Zum Glück hat sich dieser Weg selbst entlarvt. Meine Freundinnen sind ihn gegangen, und auch ich.

Unser Selbstbewußtsein formierte sich in der Epoche der »Gotteslästerung«, der Epoche des ideologischen und politischen Tauwetters. Das waren die sechziger Jahre.

Das »Ich« wurde unabhängiger, die Seele befreite sich vom langen Winterschlaf, das Denken begann zu erwachen und das Wort gewann Macht. Das Schaffen und die Freiheit wurden zu höheren Werten des Lebens. Ein Prozeß stürmischer Zerstörung war in Gang gekommen, der alles niederriß, was den hochgeschnellten Ansprüchen nicht zu genügen schien. Dieser Prozeß setzte Persönlichkeiten frei, denen Rebellion und tollkühne Unternehmungen mehr bedeuteten als Zukunftssicherung.

Die Persönlichkeit fühlte ihre Kraft, und die Freiheit machte sie betrunken. Sie war nicht nur im metaphorischen Sinne des Wortes betrunken, nein, die realste, unbegrenzte Trunksucht und Unmoral wurden damals die Meilensteine unserer »Befreiung«.

Selbstverständlich standen die Frauen den Männern auch hier in nichts nach. Es tauchte der Typ der »dämonischen« Frau auf, einer neuen »Nastasia Filippowna«, die furchtlos alle Normen der Moral überschritt und nach Skandal dürstete; Repräsentantinnen einer breiten russischen Natur, behext durch ihre nicht von dieser Welt kommenden Leidenschaft für Extreme und Freiheit; Frauen, die aufgeklärt, vernichtend klug, maßlos stolz und herrisch waren. Rozanow gibt ein Portrait jener Frau, die von Dostojewski geliebt und die zum Prototyp seiner »stolzen« Heldinnen wurde:

»Suslicha bin ich zum ersten Mal im Hause meiner Lehrerin A.A. Schtscheglowa begegnet . . . Ganz in Schwarz, ohne Kragen und ohne Manschetten – sie trug Trauer um ihren Bruder – mit Spuren vergangener außerordentlicher Schönheit, war sie eine ›russische Legitimistin‹. Mit dem Blick einer erfahrenen Kokotte begriff sie, daß sie mich ›gepackt‹ hatte, und so sprach sie kühl, gelassen. Und auch in der Art, wie sie sprach, war sie ganz Katharina Medici . . .

Sie ähnelte Katharina Medici in der Tat. Gleichgültig würde sie ein Verbrechen vollbringen, gleichgültig würde sie töten; in der Bartholomäusnacht würde sie vom Fenster aus auf die Hugenotten geschossen haben – direkt mit Lust.

Allgemein sagt man, Suslicha sei wirklich einmalig gewesen. Ich weiß, daß die Leute ihr ganz ergeben, von ihr fasziniert waren. Eine Russin dieses Stils habe ich nicht noch einmal erlebt. Sie war nach ihrer seelischen Struktur ganz und gar eine Russin, aber wenn sie eine Russin war, wäre sie eine Anhängerin der Altgläubigen gewesen, besser noch die Gottesgebärerin der Flagellanten.« So zitiert ihn K. Motschulskij in seiner Dostojewski-Biographie.

Offensichtlich verschwindet dieses Bild niemals aus der Geschichte der russischen Frauen; in diesen Jahren erstand es in neuem Glanz.

Stolz war ein Grundzug dieses Charakters, ein antichristlicher Zug. Der Stolz beflügelte und tötete! Er tötete viele meiner Freundinnen, die an ihrem Stolz zerbrachen. Viele wurden durch ihre Unfähigkeit zur Liebe krank, ihre Einsamkeit trieb sie zum Selbstmord. »Es gibt keinen Gott, alles ist erlaubt« – diese Maxime erwies sich als eine ganz schwere, die Kräfte übersteigende Last.

Ihre Menschenverachtung verkehrte sich ins Gegenteil und machte sie von den Menschen abhängig. Die Verachtung der Moral und des Körpers machte sie zu Knechten der Sünde. Sie lebten in der Hysterie der Verzweiflung. Die Leidenschaft, die ihre Seele beherrschte, forderte von ihnen immer neue und neue Beweise von Trennung, Gottlosigkeit und Chaos. Dies war das menschenmordende Opfer an die Leere, das Absurdum, die Sinnlosigkeit.

Eine »starke« Frau bezwang ihre Umwelt durch ihre »infernalische« Schönheit und ihren »unweiblichen« Verstand, durch ihr furchtloses Schweben über der Wirklichkeit. Aber ihre Stärke war in Wirklichkeit Schwäche, die Seele war voller Rastlosigkeit, und kein neuer Sieg konnte sie von dieser Unruhe befreien.

Später begriff ich, daß gerade den Darstellern in dieser Tragödie, den Frauen, am übelsten mitgespielt wurde. Das Ganze war schließlich eine Farce, ein leichtfertiges Spiel, dem ein populärer und sehr aktiver Mythos zugrunde lag.

Diesen Mythos beschreibt Simone de Beauvoir in ihrem Buch »Das zweite Geschlecht«. Dort wird er als Frau-Engel oder Frau-Dämon bezeichnet, als Beatrice oder Circea, Mona Lisa oder Ofelia, Frauen, immer bloß als ». . .« existierend, als etwas anderes. Die Frau verwandelt sich in ein Geheimnis, und um alles in der Welt wollten wir »geheimnisvoll« sein. Kramskijs »geheimnisvolle Unbekannte« aus der Kindheit hatte sich fest in der Seele eingeprägt.

Engels-Unschuld hatten wir dank unserer allseitigen Aufklärung und Freiheit von Vorurteilen verloren. Es verblieb der andere Mythos, das andere Extrem, und so entschlossen wir uns, »infernalische« Frauen zu werden. Wir gingen in dieser Rolle ganz auf und freuten uns, wenn man uns »Hexen« nannte.

Von dieser Mythologie, von diesem gefährlichen Spiel und der vollständigen Erstarrung des Herzens konnte uns nur Christus befreien. Das Christentum gab uns uns selbst zurück, wir brauchten nicht mehr eine »Rolle zu spielen«, uns irgendwelche Mechanismen des Schutzes auszudenken.

Fast alle kamen wir zu Gott, als wir über Zwanzig waren. In meinem Leben erschien mir die Bekehrung wie ein Wunder, mich augenblicklich verändernd, reinigend, befreiend, neugestaltend. Sichtbar verschwanden die mich früher peinigenden Leidenschaften, sogar Angewohnheiten, selbst viele Erinnerungen.

Die gesamte frühere infernalische Abgeschmacktheit zeigte sich in ihrem wahren häßlichen Licht. Wie haben sich die Gesichter meiner bekehrten Freundinnen verändert! Das waren ganz andere Frauen, in ihnen wurden Natürlichkeit, Leichtigkeit, Jugend sichtbar.

In den ersten Monaten nach der Bekehrung hatte ich das Empfinden, in die Kindheit zurückgekehrt zu sein. Fast alles sah ich mit neuen Augen. Es veränderte sich das Verhältnis zu allem, hauptsächlich zu den Menschen. Unerwartet fingen sie an, mir zu gefallen. Es tat sich das Herz auf, zum ersten Mal frei vom Betrug der Leidenschaften. Ein ganz anderer Sinn legte sich jetzt in das Wort »Liebe« hinein: »Liebe macht langmütig, Liebe macht barmherzig, sie sucht nichts für sich selbst . . .«

Wie kläglich und eingebildet zeigten sich nunmehr die Melodramen der Vergangenheit, unser gekränkter Stolz, unsere verzweifelte Unbekümmertheit!

Sogar das geliebte Wort »Freiheit« hatte seinen Glanz verloren. Wie kann man von Freiheit sprechen, wenn man Gehorsam wünscht, Gehorsam dem lebendigen Gott gegenüber! Wenn man sich nach großer Tat sehnt, wenn man auf Seine Liebe mit Liebe, wenn die nach dem Kreuz lechzende Seele mit dem Martyrium antworten möchte?

Wie Eva, die Gehilfin des Adam, noch unberührt, schon Ungehorsam zeigte und somit auf sich und das ganze menschliche Geschlecht Verderben zog, so gewann nun Maria, verlobt, jungfräulich, für sich und das ganze menschliche Geschlecht durch Jesus die Rettung. Eva und Maria. Der Weg der Willkür und der Weg des Gehorsams.

Willkür war unser Vergangenes. Das Bild von Eva, die Bilder aller heidnischen Göttinnen – Astarta, Isida, Demeter, die die dunklen, dämonischen Kräfte verkörperten, waren vergessen und überwunden. Sie waren ausgelöscht worden durch das Licht evangelischer Natürlichkeit. Sie alle schmolzen dahin, schrumpften zusammen und verblaßten von diesem einen glückseligen Bild der Mutter Jesu.

Es ist schwierig, von ihr zu sprechen. Aber die Evangelien geben uns eine Beschreibung, die dort gipfelt, wo Jüngerschaft immer hinzielt: Gehorsam und Martyrium. Und welcher Gehorsam! In vollkommener, Gott hingegebener Natürlichkeit. Diese vollkommene Natürlichkeit zu beschreiben ist schwer, aber Maria, das ist eben diese Natürlichkeit.

Sie nachzuahmen bedeutet Absage an jeglichen Ehrgeiz, theatralische Expressivität, die sich gewöhnlich als ein Zeichen von »lebhaftem« und ausgefülltem Leben ausgibt.

Die Mutter Maria krempelte alle unsere früheren Begriffe um. In ihr, in ihrer inneren Stille, verkörperte sich die vollkommene Persönlichkeit. Ihr Schweigen, das Schweigen eines horchenden Menschen, wurde zur Geschichte der Menschen und der Engel.

Sie ist die Ernsthaftigkeit selbst. Sie lehrt die Höhe, die gleichzeitig konkret ist, bar jeden Stolzes und jeder Selbstlobpreisung. Nicht auszudenken dieses: In ihr ist Gott Mensch geworden!

In ihr vereinigte sich paradoxerweise – nein, zum Glück – Wagemut und Demut.

Wagemut: dieser Begriff ist für uns, die Menschen des Schaffens, so wichtig! Aber die Erfahrung des vergangenen Lebens sagte uns, daß Wagemut ohne Gott in Frechheit, in hysterische Anmaßung entartet. Schlimmer noch: Der von uns entwickelte unbegrenzte Wagemut machte uns in unseren eigenen Augen zu Halb-Schöpfern und Halb-Göttern. Die Vergeltung für solche Kühnheit war Verwüstung und das Gefühl verzweifelter Einsamkeit. Als wir Christinnen wurden, haben wir begriffen, daß die einzig unerschütterliche Stütze für Kühnheit die Demut ist.

»Demut, das ist eine große Kraft«, sagt Dostojewski. Aus eigener Erfahrung haben wir uns überzeugt, wie wahr dieses Wort ist. Ausgerechnet Demut machte uns furchtlos.

Daß wir die beständige, unbarmherzige Verfolgung durch den KGB überlebt haben, und nicht nur überlebt, sondern bei alledem eine überaus fruchtbare Schaffensperiode hatten – denn wir hatten doch offen geschrieben, waren zusammengekommen, hatten die Zeitschrift herausgegeben, uns für Verfolgte eingesetzt, Bedürftigen geholfen –, das alles ist ein Beweis dafür, daß Gott die Demütigen liebt. Ohne Zweifel ist der KGB eines der düstersten und anti-menschlichsten Gebilde der Geschichte. Aber trotz alledem – es ist eine äußere Kraft. Ein Christ gewöhnt es sich ja an, hinter dem Äußeren das Innere zu sehen. Und mehr als vor dem KGB, mehr als vor Gefängnissen und psychiatrischen Anstalten ängstigte ich mich vor mir selbst, fürchtete ich, von Gott abzukommen, fürchtete ich, Gott könne mich verlassen.

Wir sind mit unserer Frauenbewegung zu Politikern geworden. Obwohl unsere Zeitschrift im September herauskam, stand oben das Datum »10. Dezember«. Das ist der »Tag der Menschenrechte«. Wir bekamen es bald zu spüren, daß Politik ein Feld starker Versuchungen ist. Hier toben sich die Leidenschaften aus, Haß, Wut, Egoismus. Für Menschen mit geistiger Zielsetzung ist die Politik ein Bereich, in dem die Entfernung von Gott am größten sein kann, denn auch höhere politische Tugenden wie Opfermut und Stehvermögen zugunsten einer guten Sache sind wie jeder andere Heroismus im Grunde heidnische Tugenden. Der Heroismus setzt einen über die Angst hinweg, er gibt Flügel. Eine heroische Persönlichkeit bezaubert. Aber in Wirklichkeit ist Heroismus nichts als stolze, weil auf die eigene Kraft bauende Herausforderung der Umwelt. Seine Opferbereitschaft ist theatralisch, äußerlich, oberflächlich, ohne Demut. Die orthodoxen Heiligen entbehren so völlig einer Heldenaureole.

Auch unsere Situation gab uns viele Anlässe, sich vom Heroismus »verführen« zu lassen. Wenn dein Leben sich unter ständiger Beobachtung durch den anonymen und »allessehenden« KGB befindet, wenn dich überall hin tagein-tagaus ein Wagen begleitet, aber nachts dich die Klingel nicht schlafen läßt, so wächst der Wert der eigenen Persönlichkeit in deinen Augen unvermeidlich an, und es entsteht eine packende Empfindung: Auf dich sehen Hunderte von

Augen, aber du, als würdest du dem keine Aufmerksamkeit schenken, fliegst mit der nächstfolgenden Nummer des verbotenen Journals von einem Haus zum andern, von einem aufgeregten Gesicht zum nächsten.

Doch gleich darauf wird dir in den Minuten der Stille und des Gebets klar: Wie das alte erinnert auch dein neues Leben an das Theater. Und du spielst nach wie vor auch in diesem Stück wieder die erste Rolle.

Diese Rolle ist voller Risiko, ja, aber es ist eben doch ein Spiel und kein Leben. Dein Schicksal entscheidet sich erneut außerhalb von dir, nicht durch Gott und nicht durch dich. Dein Schicksal schaffen äußere Umstände, Leidenschaften, weltliche Interessen. Der äußere Mensch zeigt sich wieder stärker als der innere.

In der Beichte bereute ich nicht die Tatsache, daß ich mich mit der Politik beschäftigte, sondern daß ich in die politische Agiotage, in die Knechtschaft der Leidenschaften hineingeglitten bin. Und hier, im Westen, protestiert das Herz jedesmal, wenn man mich und meine Freundinnen zu »Heldinnen« hochstilisiert. Wir wissen es doch schon sehr gut, daß nur die Gnade Gottes uns rettete. Nicht Heroismus, sondern Demut gibt die wirkliche Kraft, macht frei von Furcht.

Einen demütigen Menschen lieben auch die, die ihn umgeben, mehr: Sie haben ohne Zweifel mehr Vertrauen zu ihm. Und gerade dies ist so wichtig in unseren sowjetischen Verhältnissen des Mißtrauens. Wir sind es von Kindheit an gewohnt, daß alle um uns herum lügen, betrügen, ein Doppelleben führen. Die Krankheit unserer Leningrader Intelligenz war eine gewisse Spitzelmanie. Fast jeden verdächtigte man, eine »Glucke« zu sein; und so faßte man in solch einer Umgebung sehr schwer Vertrauen. Man mußte lernen, die Menschen nicht zu verurteilen, sie so zu nehmen, wie sie sind. Man mußte geduldig warten, bis der Mensch selbst die Furcht in sich besiegte und sich Gott öffnete. Demut, das Sich-vom-Sockel-Stoßen, half eben auch, die Augen für das Bessere im andern zu öffnen. Ein Demütiger weiß besser, wie den Menschen zu helfen ist. Lediglich Demut kann die Grundlage einer opferbereiten, konkreten, weisen Liebe sein. Den Stolzen, den Egoistischen ist die Wirklichkeit verdeckt. Auch die Weisheit ist ihnen verschlossen. Folglich bedeutet Demut in keinem Falle Knechtschaft. Sie ist eine höhere Tugend, die man in der bürgerlichen Gesellschaft vergessen hat, auf die wir uns aber in Rußland besinnen mußten, weil wir in eine Situation gestellt waren, in der es keine Hoffnungen mehr gab, und es verblieb nur der eine Weg: auf Gott zu bauen, der uns die Hoffnung aller Hoffnungen gibt.

Viele schreckt die Benennung »Feminismus« ab. Gewöhnlich nennen wir uns nicht »Feministinnen«. Unsere Frauenbewegung besteht im Grunde aus Frauen, die tief und wahrhaft glauben. Der klassische Feminismus, d.h. der westliche, tritt ja gegen die Kirche auf, gegen das »patriarchalische« Christentum. Aber wir protestieren auch nicht besonders, wenn man von uns sagt, wir seien »Feministinnen«. Wir fürchten keine Worte, um so weniger, als das Wort »Feminismus« nichts anderes als »Frauen-« bedeutet. In der Orthodoxie haben wir die Quelle solch einer unbegrenzten Freiheit entdeckt, einer Freiheit, die eigentlich für den Verstand nicht erfaßbar ist und die man mit keiner menschlichen Norm erklären kann.

Wir haben gelernt, vor keiner Form Angst zu haben, keine Worte zu fürchten. Die außergewöhnliche Offenheit der Orthodoxie allem Neuen gegenüber, der Mut dieser Kirche widerspricht nicht ihrer inneren Strenge und sittlichen Kompromißlosigkeit. Die Intensität des neuen kirchlichen Lebens in Rußland kann man sicher nur mit dem Christentum der frühen Kirche vergleichen. Beide – auch das muß gesagt sein – sind alles andere als eine »konservative« Kraft.

Im Westen haben wir staunend beobachtet, daß die hiesige Kirche oft in der Rolle eines Trägers und Hüters der traditionellen, d.h. konservativen Werte auftritt. In Rußland haben wir es verlernt, die gesellschaftlichen Kräfte in »konservative« und »progressive« aufzuteilen. Die Traditionen eines 1000-jährigen Bestehens stellen sich dort als die mutigsten und wirklich unentbehrlichen heraus.

Die Väter und die uralten Asketen liest man mit Enthusiasmus, man erlernt sie und schreibt sie mit der Hand ab, wohingegen die erst kürzlich entstandenen Ideologien ein Lächeln oder ein Gefühl der Langeweile hervorrufen.

So ist die Kirche in Rußland weder konservativ noch progressiv. Wir haben uns schon lange ähnliche Begriffe abgewöhnt.

In der Kirche ist die Ewigkeit. Andererseits saugt unsere äußerlich »archaische« Kirche die ernsthaftesten Bewegungen der Zeit in sich auf. Und nicht nur passiv läßt sie deren Existenz zu, sondern sie führt sie und segnet sie.

Die gegenwärtige russische Kunst ist mit vielen feinen Fädchen mit der Kirche verbunden; kirchlich ist auch das Dissidententum und überhaupt das Leben der russischen Intelligenz.

Und auch die Frauenbewegung wurde von Anfang an kirchlich – abgesehen davon, daß Tatiana Mamonowa eine Atheistin ist, aber sie war offenbar eine Ausnahme.

Wir erzählten unseren Beichtvätern von unserer beginnenden Bewegung, und unverzüglich erhielten wir geistliche Hilfe und den Segen für die Weiterarbeit. Wer sonst, wenn nicht unsere Geistlichen, wüßte, wie heute die russische Frau lebt! Bis jetzt haben doch nur sie sich mit der »Frauenproblematik« beschäftigt und konnten wenigstens einigermaßen den unglücklichen, leidenden Frauen helfen.

Es kommen Erinnerungen auf an lange, oft vielstündige »Schlangen« zur Beichte. Tränen, Seufzer, bittere Worte, nichterfundene Leiden. Die Geistlichen kommen tagtäglich mit dem nackten Elend der Frauen in Berührung – der Mann trinkt, die Familie fiel auseinander, Armut, nirgendwo findet man eine Bleibe, Hunger, Abtreibungen.

Aber dieselben Geistlichen können auch anderes beobachten: wie stark der Geist der Frauen ist, wie geduldig und schön. Wieviel Opferbereitschaft und Liebe ist in einem Frauenherzen! Und gerade unsere Kirche wird zu achtzig bis neunzig Prozent von Frauen besucht, von unbedeutenden »grauen« alten Mütterchen, die keiner kennt, deren Taten aber der Herr sieht.

Sie haben die Kirche gerettet, als sie in den dreißiger Jahren vor ihrer physischen Vernichtung stand. Sie machten sich zum kirchlichen Sprecher und gaben die Schlüssel der Kirchen nicht heraus, als man die Gebäude in einen Klubraum oder ein Getreidelager verwandeln wollte.

Sie haben sich zu Dutzenden auf die Straße gelegt und ließen die Traktoren, die das Gotteshaus einreißen sollten, nicht durch. Auf ihren alten, gebeugten Schultern ruht auch heute das kirchliche Leben, blüht die Frömmigkeit.

Der erste christliche Aufklärer in unserem Land war die russische »Großmutter«.

Unsere Eltern sind fast ohne Ausnahme nicht gläubig. Geboren sind sie nach der Revolution, erzogen im Geiste des primitiven sowjetischen Atheismus, und so zeigte sich ihnen unsere Bekehrung nicht nur als ein unerwartetes und unvorhergesehenes Faktum, es war einfach eine der vielen Verrücktheiten, die sie an uns schon fast gewohnt waren. Und gab es Eltern – ich kenne einige davon –, die ihre neubekehrten Kinder in die Irrenhäuser steckten.

In den sowjetischen Familien trauten sich die Großmütter oft nicht, ihre Enkel offen religiös zu erziehen. Aber sie konnten sie heimlich, ohne das Wissen der Eltern, taufen lassen, in das Gotteshaus führen, ihnen ein Beispiel für christliches Leben geben.

Die frühe Kindheit eines sowjetischen Kindes befindet sich doch ziemlich oft in den Händen der Großmutter – wer sonst beschäftigt sich denn mit ihm? Die Mutter arbeitet und steht »Schlange«, der Vater arbeitet auch, und sehr oft trinkt er einen über den Durst.

Als wir noch nicht gläubig waren, lachten wir unsere alten Mütterchen mit ihren Vorurteilen und »Launen« aus. Aber dann, als wir in der Kirche waren, staunten wir über die Kraft ihrer Gebete, über ihren Glauben, ihre Gottergebenheit.

Es war klar, daß wir es weit hatten zu solch einem »bettelarmen Geist«. Doch wir fingen an, bei den bescheidenen und von uns bisher für so unbedeutend gehaltenen einfachen russischen Frauen dies alles zu lernen.

Die russischen Starzen, Lehrer und Beichtväter der Mönche, betrachten die Mutter Jesu als die Äbtissin der russischen Klöster, als die Mutter aller derer, die ein mönchisches Leben führen, weil sie den Weg absoluten Gehorsams gegangen ist.

Der heilige Seraphim Sarowskij widmete sich am Ende seines Lebens der Gründung eines Frauenklosters (Kloster Diwejewo), der Starez Ambrosij gründete das Frauenkloster in Schamrdino. Frauenklöster gründete auch der Priester Johann von Kronstadt. Als ob diese heiligen Diener Gottes schon damals gesehen hätten, daß der Frau in der geistigen Erneuerung von Rußland einmal eine besondere Rolle zufallen wird.

Keine Ideale brachten es fertig, uns dahin zu führen, kein Cherubim und kein Seraph. Es war der Gehorsam gegenüber dem neu entdeckten Wort Gottes, den wir in der Mutter Jesu vorgelebt fanden. Unser russischer Glaube ist heute vom Idealismus weit entfernt. Wir haben schon zu viel durchgemacht, zu viel erlitten, um Idealisten und keine Realisten zu sein.

In diesem Sinne haben wir den europäischen Nihilismus mit seiner Kritik des »Idealen« sehr gut verstanden. Wir haben die mitleidlose »Umwertung der Werte« von Nietzsche, das unerbittliche Mißtrauen allem Idealen gegenüber von Freud sehr geschätzt.

Der Idealismus wurde von uns abgelehnt als die Kehrseite des Materialismus, und hier half ebenfalls Freud, der bekanntlich das Ideale, das Über-Ich, als die Sublimierung niedriger Instinkte und starker Neigungen versteht. Das Ideal der Persönlichkeit – das ist das System ihrer Identifizierungen – bildet sich an der Unerreichbarkeit des »heißersehnten« Objektes. Wenn das Objekt nicht erreichbar ist, identifiziert sich die starke Neigung mit ihm und eignet es sich auf solche Weise an.

So entpuppte sich das Ideal als ebenso niedrig und materiell wie die egoistische Besitzergreifung. Letzten Endes ist das Ideal sinnlich-materiell.

Der Idealismus wurde durch die Erfahrung des russischen Lebens zerstört. Das Ideal eines menschlichen natürlichen Glückes erschien einfach lächerlich auf dem Hintergrund der allgemeinen Tragödie. Das sogenannte »normale« Leben mit seinen gewohnten Werten wurde bei uns fast unmöglich: Karriere zu machen war nicht möglich – wenn man nicht über Leichen ging; eine Familie zu gründen war unmöglich – und sei es nur aufgrund unglaublich schwieriger materieller Bedingungen. Dostojewski, bisher der literarische Gestalter der Extreme, war kein Prophet mehr; die Extreme waren zur Norm geworden, sein fantastischer Realismus schilderte unseren Alltag.

Die ideale Liebe wurde durch den Zynismus und die Unmoral des Lebens zerstört. Aber selbst dann, wenn sich diese Liebe in die Höhen der Romantik erhob (und bei vielen von uns gab es nichts Höheres und Wünschenswerteres als diesen Wunschtraum von der »einzigen und ewigen romantischen Liebe«), so brach sie fast immer nach kurzer Zeit zusammen. Das Leben zerstörte die romantische Liebe nicht nur mit seinen materiellen Schwierigkeiten. Das Leben forderte eine echte, opferbereite, fast heilige Liebe zueinander.

Der Romantik mit ihren Idealen lag eine unreale, kindliche Lebensauffassung zugrunde. »Egoismus zu zweit« nannte Max Scheler die romantische Liebe, die sehr schnell auch als Ehe in nichts zerrann. Unsere Leningrader Intelligenz war um die Dreißig fast schon ohne Ausnahme geschieden.

So faßten wir Materialismus und Idealismus als die zwei Seiten einer Medaille auf. Wir suchten nunmehr nicht weiter nach Idealen, sondern nach Heiligkeit.

Heiligkeit – das ist Gottes Wille für uns; das ist »Christus in uns«, das ist der in der Wiedergeburt erneuerte Mensch Gottes, der vollkommene, »erwachsene« Mensch. Doch schon die anfängliche Begeisterung des Entdeckens, die Begeisterung der Bekehrung war Gefahr: Sie schleppte, wenn auch auf einer höheren Stufe, die Eierschalen einer romantischen Hochstimmung mit sich, vor welcher wir gebrannten Kinder uns fürchteten.

Der Herr und das Leben seiner Heiligen sprachen zu uns in vollkommener Stille. Sie waren unerreichbar unserem Verstand, phantastischer als alle Phantasien, und trotz alledem so real wie wir selbst. Die ganze übrige Welt bekam ihren Sinn erst durch die Berührung mit der Heiligkeit. Nicht umsonst wird von der Mutter Jesu gesagt: »Freue dich, die du die eitlen Gedanken zerstörst.«

Die Starzen lehrten uns, die Neubekehrten, daß man im geistigen Leben sich nicht beeilen kann, man müsse sich auf eine »lange Strecke« vorbereiten.

Sie lehrten Nüchternheit: kein plötzlicher Aufschwung, keine mystischen Erleuchtungen, sondern tagtägliche prosaische schwere Arbeit.

Starez Paisij Welitschkowskij nannte den Mönch »den Märtyrer des Alltags«. Und da es in der Orthodoxie keine prinzipiellen Unterschiede zwischen Mönchtum und Welt gibt, hieß das: Jeder Christ muß in der Prosa seines Alltags zur Vollkommenheit hin wachsen.

Wie geschieht dies? Wieder war es die Mutter Jesu, deren vollkommener Gehorsam den Weg wies. Das Bild vom Leib als Tempel des Heiligen Geistes macht deutlich, welch hohe Bedeutung Gott auch allem Körperlichen seiner Schöpfung beimißt. Dazu kam dann konsequenterweise die Idee der Keuschheit, einer reifen Keuschheit.

Früher sahen wir über die Moral hinweg, weil wir ihre Grundlagen nicht begriffen. Inzwischen haben wir erkannt, daß die Sünde, auch die Sünde der Körperentehrung, Unzucht und Ausschweifung, nicht irgendeine menschliche Erfindung ist. Die Sünde ist ein ontologisches Phänomen. Jede Sünde trennt von Gott, trennt den Menschen von sich selbst, bringt den Tod. Oh, wie haben wir nunmehr verstanden, was Reinheit bedeutet, wie wußten wir sie zu schätzen – wir, die früher nach einem dialektischen hegelianischen Gesetz lebten, das verkündete, alles Reine sei nichts anderes als das nicht aufgedeckte Schmutzige. Wir suchten nun die Seligkeit derer, »die reinen Herzens sind, denn sie werden Gott schauen«.

Den Geboten des Evangeliums muß man sich begeistert, vollständig und gleichzeitig praktisch und nüchtern öffnen. Daran ändert auch nichts die Tatsache, daß in unserer Zeit, der Zeit der »sexuellen Revolution«, in der alles erlaubt ist, die Moral als eine Zwangsjacke aus dem Folterarsenal des Mittelalters lächerlich gemacht wird. Wie vor 2000 Jahren gelten die Gebote der Seligkeit in ihrer ganzen

Fülle auch heute. Sünde blieb Sünde, und die Heiligkeit verlangt wie früher das Äußerste: »Seid vollkommen, wie euer himmlischer Vater vollkommen ist.«

Die Gestalt der Maria, der Mutter Jesu, rutschte in der Orthodoxie nie in Romantik oder, noch schlimmer, in Sentimentalität ab, wie dies bisweilen im Westen passierte. Streng, fast fremd schaut sie von den russischen Ikonen herunter, so gar nicht von dieser Welt und doch so lebendig. Doch beim längeren Hinschauen lebt ihr Antlitz unbeschreiblich und wunderschön auf, da schaut sie schon liebkosend, da lächelt sie sogar und schaut natürlich und heiter.

Die Betrachtung ihres Lebens bedeutet auch heute für die einfachen russischen Frauen Trost. Ich kenne eine Menge Fälle solchen augenblicklichen und wunderbaren Trostes und der Ermunterung zu demütiger Nachfolge.

Mystisch ist die Kirche der Leib Christi und »das Zelt Gottes und des Wortes«, »das große Allerheiligste«. Die Kirche Christi strahlt mit der Weiße ihrer Gewänder, sie ist der Himmel auf Erden, das zurückgekehrte Paradies.

Und die orthodoxen Gebete wenden sich mit Ehrfurcht und frohlockender Freude zum Haupt der Kirche, dem Herrn.

In allen unseren kirchlichen Gesängen ist auf eine wunderbare Art diese unendliche Sehnsucht nach dem verlorenen Paradies und die nicht von dieser Welt kommende Freude des Gebets-Wagemuts, die Offenbarung der Kirche als Paradies, verbunden.

Jesus, der Schöpfer und Vollender, zeigte sich uns dann, als wir verloren waren, als wir fast in der Hölle waren. In unserer Hölle öffnete er uns das Tor zum Paradies, zur Gemeinschaft mit ihm selbst in seiner Gemeinde.

Die alten Kleider lagen als ein Haufen Lumpen vor uns; wir wären in der Kälte unserer Isolation fast erstickt, hätte

Er uns nicht sogleich als Glieder Seines Leibes mit den neuen »Kleidern der Gerechtigkeit« umhüllt.

Christus rettet die Sünder nicht nur durch sein erlösendes Opfer, sondern er nimmt sie auf als Glied Seines Leibes. Dem, der von seiner altersschwachen Körperlichkeit befreit ist, schenkt Er einen neuen Leib, den Leib seiner Heiligen Kirche.

Wir waren glücklich, daß wir die Kirche fanden, daß auch wir eingeladen sind, sie mitzuschaffen, daß auch durch uns, russische Frauen, ihre ewige Selbstoffenbarung geschieht.

WEITERE R. BROCKHAUS TASCHENBÜCHER

206 **Im Schatten des Allmächtigen** v. E. Elliot
222 **Ich bin der Herr, dein Arzt** v. C. H. Spurgeon
226 **Liebe dich selbst** v. W. Trobisch
231 **Christy** v. C. Marshall
243 **Aber Herr Noah . . .** v. K. Vollmer
249 **Warum unbedingt Jesus?** v. W. Heiner
271 **Kleine Therapie für geistliche Durststrecken** v. W. Trobisch
290 **Gib nicht auf, Wanja!** v. M. Grant
291 **Der Schmuggler Gottes** v. Br. Andrew
302 **Ich gedenke der vorigen Zeiten** v. K. Heim
304 **Dein Typ ist gefragt** v. O. Hallesby
305 **Freu dich, das Beste kommt noch** v. C. ten Boom
309 **Das Schönste kommt noch** v. F. Rienecker
312 **Mit Gott durch dick und dünn** v. C. ten Boom
313 **Achtung: Fehlschaltung!** v. M. Horie
314 **Tal der Liebe** v. E. Hong
320 **Bete und staune** v. C. Marshall
325 **Pilatus** v. P. L. Maier
326 **Unterwegs erlebt** v. P. Strauch
328 **So ist Jesus** v. W. de Boor
329 **Verantwortung – Leitung – Dienst** v. J. O. Sanders
331 **Gott tröstet** v. H. Risch
332 **Freiheit** v. M. L. King
333 **Die Rettung der Verlorenen** v. T. Goritschewa
337 **Irina** v. H. Hartfeld
338 **Sterben – Der Höhepunkt des Lebens** v. H. Maier-Gerber
339 **Faulheit ist heilbar** v. R. Ruthe
340 **Wer nicht glaubt, glaubt auch** v. K. Vollmer
347 **Kennen Sie ihn?** v. I. Hofmann
348 **Ich mag dich** v. H. Bärend/H.-H. Böhm
351 **Michelle** v. C. E. Phillips
357 **Die Ordnung des Tages** v. H. J. Baden
359 **Hauskreis offensiv** v. O. Schweitzer
361 **Unsere Kraft wächst aus der Stille** v. O. Hallesby
362 **Gott weiß den Weg** v. C. Marshall
363 **Eigentlich nichts Besonderes** v. P. Deitenbeck/G. Rumler
364 **Ich mag mich** v. H. Bärend/H.-H. Böhm
365 **Der Chef hieß Mexiko** v. F. Pawelzik
366 **Einer geht mit** v. Gefährdetenhilfe Scheideweg
368 **Das verlorene Ich** v. M. u. H. Horie
369 **Ausweg aus der Krise** v. W. Lachmann
370 **Unsichtbare Mächte und die Macht Jesu** v. H. Rohrbach
371 **Aus meiner Hausapotheke** v. E. Modersohn
374 **Warum geht es uns nicht gut...** v. K. Eickhoff
375 **Ich bin ein ganz normaler Müllmensch** v. J. Hansen/B. Wagner
376 **Der Weg der Erneuerung** v. R. Hession
378 **Friede, Friede – und ist doch kein Friede** v. K. Vollmer
379 **Christl. Literatur des 20. Jahrhunderts, Bd. 1** v. C. P. Thiede
380 **Christl. Literatur des 20. Jahrhunderts, Bd. 2** v. C. P. Thiede
381 **Die Kraft des Schweigens** v. H. J. Baden
382 **Ich frag mich** v. H. Bärend/H.–H. Böhm
384 **Keine Angst vor der Familie** v. L. Bormuth

385 **Die Pilgerreise** v. J. Bunyan
387 **Was Kinder von Gott wissen wollen** v. G. Göhr
388 **Umgang mit der Angst** v. M. u. H. Horie
389 **Mit vereinten Kräften** v. H. Bärend/H.-H. Böhm
390 **Wie bereite ich eine Bibelarbeit vor?** v. K. Beyer
391 **Zeit, mit Gott zu reden** v. Projektgruppe Glaubensinformation
393 **Die Brücke trägt** v. K. Brandt
394 **Entdeckungen in der Einsamkeit** v. P. Strauch
395 **Gemeinschaft – lebenslänglich** v. U. Eggers
396 **Die Stunde ist da** v. J. Dirnbeck
397 **Tisch in der Wüste** v. W. Nee
398 **Gentechnik – der Griff nach dem Leben** v. U. Eibach
399 **Es ist niemand zu groß** v. H. Fuchs
400 **Wie man wer wird** v. K. Vollmer
402 **Wie Segel über dem Meer** v. C. P. Thiede
403 **Von allen Seiten umgibst du mich** v. E. Wetter
404 **Frauen unterwegs** v. G. Biermann/M. Tanner
406 **Ich will mein Kind stillen** v. M. Ehler
407 **Frömmigkeit und Lebenskunst** v. H. J. Baden
408 **Wir wußten, daß du früher gehst** v. W. Weyrich
409 **Sieben Wochen ohne** v. C. G. H. Westphal
410 **Betreten der Baustelle erwünscht** v. O. Schweitzer
411 **Erfolg – und was dann?** v. K. Scheffbuch
412 **und führte mich hinaus ins Weite** v. D. Scheunemann
413 **Paulus & Co** v. W. Wiemer
414 **Südafrika: Widerstand und Vergebung** v. H. K. Hofmann
415 **JAKOB oder Der gestohlene Segen** v. H. Kemner
416 **Verstanden werden und verstehen** v. M. u. H. Horie
417 **Sterbehilfe – Tötung auf Verlangen** v. U. Eibach
418 **Mein Gott – warum?** v. G. Klempnauer
419 **Die Kehrseite der Macht** v. E. Hofmann
420 **Ich war ein Atheist** v. M. Ackermann
421 **Dann wär man nicht mehr so allein** v. R. Bladt
422 **Die Faszination des Übersinnlichen** v. H. Rohrbach
801 **Das Geständnis** v. E. Groseclose
802 **Aus der Wüste in die Heilige Stadt** v. A. Salomon
803 **Ein König kämpft um seinen Thron** v. A. Salomon
804 **Gesucht wird Mann mit Phantasie** v. F. Pawelzik
805 **Brich dem Hungrigen dein Brot** v. E. Steineck
806 **Heimkehr in ein fremdes Land** v. H. Hartfeld
807 **Wieviel Liebe braucht ein Mensch** v. F. Pawelzik
808 **Das Glück zu leben** v. A. Länge
809 **Jesus Christus heute erlebt** v. L. Anders
810 **Hände, die mich segneten** v. L. Anders
811 **Mein Alltag mit Christus** v. L. Anders
812 **Rocky, der Mann mit der Maske** v. M. Ackermann
813 **Eure glückliche Lexa** v. L. Anders
814 **Die fröhliche Blechkirche** v. F. Pawelzik
815 **Das Land, das ich dir zeige** v. P. Lotar
816 **Eine von den Unbezwungenen** v. R. O. Latham
817 **Die Zuflucht** v. C. ten Boom
818 **Advent und Weihnachten** v. L. Anders
819 **Emscherperlen** v. F. Pawelzik
820 **Das Buch der Lebenden** v. R. Brandstätter